KB260754

영화
읽어주는
인문학

영화 읽어주는 인문학

초판 1쇄 발행 2014년 3월 31일
초판 5쇄 발행 2018년 3월 21일

지은이 안용태

책임편집 주리아
책임디자인 최성경

펴낸이 이상순
주　간 서인찬
편집장 박윤주
제작이사 이상광
기획편집 한나비, 김한솔, 김현정
디자인 유영준, 이민정
마케팅 홍보 이병구
경영지원 오은애

펴낸곳 (주)도서출판 아름다운사람들
주소 (10881) 경기도 파주시 회동길 103
대표전화 031-955-1001　**팩스** 031-955-1083
이메일 books777@naver.com
홈페이지 www.books114.net

생각의길은 (주)도서출판 아름다운사람들의 인문 브랜드입니다.

ⓒ2014, 안용태
ISBN 978-89-6513-285-1　13100

영화 읽어주는 인문학

안용태 지음

영화와 인문학은 많이 닮았다. 영화에는 삶과 인간의 가장 드라마틱한 순간이 담겨 있고 인문학은 인간의 가장 집약적인 고민과 갈등을 풀어내려 애쓰기 때문이다. 나는 이 두 영역을 만나게 하고 싶었다. 마치 매력적인 남녀가 연애를 하듯 영화와 인문학을 만나게 하고 싶었다. 그것을 통해 결국 어느 누구도 아닌 나 자신과 오롯이 만나고 싶었다.

새로운 사랑 앞에서 상처받을까 주저하는 조엘과 절대적 절망에서 행복을 노래한 셀마, 사랑하는 이의 죽음 앞에서 담담한 조르주와 타인의 인정을 얻기 위해 환상에 빠져든 존 내쉬에 이르기까지. 이 책에 담긴 스무 편의 영화는 어느 누구도 아닌 바로 우리의 이야기이다. 영화 속에는 단순히 이야기로만 치부할 수 없는 절실한 문제가 담겨 있었다. 그렇기에 나는 글을 쓸 수 있었고 영화 속 등장인물들의 선택과 사상가들의 생각을 통해, 어느 누구도 아닌 나 자신으로 되돌아올 수 있었다.

내가 경험한 것처럼 이 영화들과 수많은 인문학 거장의 해법들이 여러분에게 때로는 자신을 비추는 거울로, 때로는 세상을 비추는 거울로, 때로는 자신과 세계를 잇는 작은 손잡이가 되길 진심으로 바란다.

안용태

차 례

이터널 선샤인
잃어버린 시간을 찾아서

"지금 그쪽 모든 게 마음에 들어요."

"지금이야 그렇죠.

그런데 곧 거슬려할 테고 난 당신을 지루해할 거예요."

"괜찮아요."

가끔 과거에 있었던 특별한 일을 생각해보곤 한다. 사랑하는 이와 처음 만났던 일, 잠시간 헤어졌던 사건과 다시 만나게 된 순간까지. 수많은 사건과 그 사건이 벌어진 공간을 어렴풋이 기억한 채, 그때의 이야기를 돌이켜 보지만 사실 잘 생각나지 않는다. 분명히 그 시간 속에 내가 존재했던 것은 사실이거늘 무엇 때문인지 낯설게만 느껴진다. 과거의 수많은 순간은 필시 어떤 이유 때문에 발생하였을 텐데 어느 순간 그 이유 자체를 잊어버린 것이다. 하지만 그럼에도 가끔씩 과거의 순간이 뇌리에 떠오르곤 한다. 마치 내가 미처 파악하지 못한 어떤 의미를 말해주려는 듯이 말이다.

미셸 공드리 감독의 〈이터널 선샤인〉은 과거로 흩어진 기억 속의 감정과 그 순간의 의미에 대해서 이야기한다. 조엘(짐 캐리 분)과 클레멘타인(케이트 윈슬렛 분)은 서로 다른 성격에 이끌려 사랑에 빠져들었다. 하지만 그들은 성격 차이 때문에 점차 지쳐갔고, 어느 날 돌이킬 수 없는 심한 말싸움을 하게 된다. 조엘은 화해하기 위해 클레멘타인의 직장에 찾아가지만 그녀는 자신을 완전히 처음 보는 사람인 양 대하며 이미 다른 남자를 만나고 있었다. 너무 화가 나 집에 돌아온 그는 놀라운 사실을 듣게 된다. 클레멘타인이 기억을 지워주는 라쿠나회사를 찾아가 자신과 관련된 모든 기억을 삭제해버렸다는 것이다. 화가 난 조엘은 라쿠나회사에 가서 따져보지만 이와 관련된 내용은 극비라 말해줄 수 없으며, 단지 여성분이 너무 힘들어해서 다 잊고 싶어 했다는 대답만 듣는다. 이에 조엘도 클레멘타인의 기억을 지워버리기로 결심한다.

이 작품은 조엘 커플이 어떻게 사랑을 시작했고 어떠한 경험을 했는지 순차적으로 보여주지는 않는다. 도리어 기억을 지워나가는 과정에서 시간을 역행하여 과거의 기억을 보여줄 뿐이다. 기억을 지우려 했던 조엘과 클레멘타인의 결정은 상당히 충동적으로 보인다. 작금의 분노와 고통에서 벗어나기 위해 그와 관련된 모든 기억을 지워버린다는 것은, 결국 현재의 감정을 통해 과거를 바라보는 것에 불과하기 때문이다. 사실 이들이 느끼는 분노와 고통은 머지않은 과거에서 반복된 것에 불과하다. 그럼 먼 과거의 감정은 어땠을까? 아마 처음부터 싫었다면 연인이 되지도 않았을 것이다. 하지만 이들은 그것을 기억하려 들지 않는다. 작금의 분노가 주는 강렬함의 정도에 따라, 마치 그런 순간만 있었던 것처럼 분노와 관련된 기억만이 폭발적으로 재생된다. 축적된 분노는 미래에 대한 절망으로 나아간다. 즉 자신의 현재 감정 상태는 직전의 과거가 지속된 것이자, 현재의 감정을 통해 결정될 미래의 모습이기도 하다.

　기억을 지우기 위해 라쿠나회사에서 요구하는 것은 간단하다. 상대방과 관련된 모든 물건을 가져와야 한다. 그리고 추억의 물건을 봤을 때 자극받는 뇌의 영역을 연결하여 기억의 지도를 작성한 이후, 의뢰인이 잠든 밤중에 상대방과 관련된 기억을 완벽히 삭제해버린다. 기억은 최근의 것부터 거꾸로 지워진다. 자신이 병원에 의뢰하러 갔던 것이 클레멘타인과 관련된 가장 최근의 기억이기에 이것부터 지워지기 시작하는 것이다. 조엘은 삭제되는 기억 속에서 자신이 주인공인 영화를 보듯 과거의 사건을 재생한다. 마지막으로 헤어졌던 날의 기억은 "넌 아무나하고 자는 여자잖아?"라는 식의 비하하는 말로 가득하다. 그때 그는 어떤 마음으로 그런 말을 던졌을까? 연인에 대한 진심 어린 분노? 나에게 관심을 가져달라는 질투? 투정? 사실 그 순간 자신의 감정을 누가 제대로 알 수 있을까? 조엘은 분명 그 사건의 주인공이지만 사실 그 순간에 대해서 제대로 아는 것은 아무것도 없다. 하지만 조엘은 사라져가는 과거의 기억 속에서 외친다. 난 너를 지워버려서 정말 행복하다고. 이게 바로 같잖지도 않은 러브스토리의 결말이라고.

확실히 가까운 과거의 기억은 기분 나쁘다. 클레멘타인이 아이를 낳자고 말하자 조엘은 우린 준비가 안 됐다며 얼버무린다. 그러나 그녀는 이 말을 '넌 좋은 엄마가 될 준비가 안 됐어'라는 의미로 받아들인다. 사실 조엘이 '넌 좋은 엄마가 될 수 없어!'라고 말한 것은 아니었다. 그 순간 그가 보여준 얼버무림에는 꽤나 많은 의미가 담겨 있었을 것이다. 경제적인 문제일 수도 있고 정말로 자신의 연인이 좋은 엄마가 될 수 없을 거라고 생각했을 수도 있지만, 아마도 더 큰 이유는 연인에 대한 지겨움이 아니었을까? 좀 더 과거로 돌아가면 완벽하게 권태기에 빠져버린 두 사람의 모습이 등장한다. 그들은 중국집에서 특별한 대화 없이 무미건조하게 식사를 하고, 별 볼일 없는 상대방의 모습을 바라보며 마음속으로 비난하는, 헤어지기 직전의 커플 모습이다.

베르그송에 의하면 기억은 크게 두 가지로 나뉜다. 이 말은 과거란 두 가지 형태로 보존된다는 것이다. 첫 번째는 습관적 기억으로, 이는 영어 공부를 할 때처럼 반복적으로 암기하여 내가 원할 때 언제든 습관적으로 튀어나올 수 있도록 노력하는 것을 말한다. 즉 몸에 각인시켜서 습관화된 행동으로 나오는 기억이다. 두 번째는 순수기억으로, 특별한 노력 없이 우연히 자발적으로 기억되는 것을 말한다. 예컨대 첫눈이 오던 어느 날 좋아하던 여자아이에게 갑자기 전화가 왔다면, 그 기억은 굳이 외우려고 노력하지 않아도 각인되어버린다. 순수 기억은 특정한 시간에 담긴 것으로서, 내가 살아온 과거의 전체이자 진정한 의미에서의 나라고 할 수 있다. 순수 기억은 내가 알지 못하는 수많은 기억으로 점철된 기억의 저장 창고이다. 하지만 나는 정확히 알지 못하는 기억이기에 이것은 잃어버린 시간이기도 하다.[1]

프루스트의 《잃어버린 시간을 찾아서》에는 다음과 같은 내용이 나온다. 어느 날 주인공은 홍차에 적신 마들렌 한 조각을 먹는다. 그 순간, 과거 유년 시절을 보냈던 콩브레의 광경이 물밀듯 다가오는 경험을 한다. 프루스트는 이처럼 불현듯 찾아오는 비약적인 기억의 재생을 비자발적 기억이라 말한다. 이것은 과거 어느 시점에 느꼈던 기쁨, 고통, 슬픔 따위의 감정이 현재의 비슷한 사건 속에서 반복되는 순간에 비약적으로 찾아오는 과거의 기억이다. 이 기억은 내가 애써 외면하고 있었던 현실을 여지없이 드러내버린다. 흔히 사람들은 과거에는 미처 알지 못했던 그 순간의 의미를 아주 오랜 시간이 지난 뒤에 깨닫곤 한다. 당시엔 그 말의 의미를 몰랐으나 지금 생각해보니 알 것 같다는 식의 태도가 바로 그것이다. 뒤늦게 다가온 그것은 과거에 분명 존재했지만 내가 미처 깨닫지 못했던 숨겨진 의미이

---

1   소광희, 《시간의 철학적 성찰》, 문예출판사, 제3판, p.431.

다. 다만 어느 순간 과거의 사건이 우연찮게 반복되어 그 의미가 나에게 찾아온 것이다.

프루스트는 자신의 의지에 의해 재생되는 자발적 기억에 대해서도 말한다. 얼마 전 아주 오랜만에 만난 두 동창에 관한 이야기를 들은 적이 있다. 한 아이는 "반갑다 친구야"를 외치며 다가섰지만 다른 아이는 뒤로 흠칫 물러선 것이다. 왜 그랬을까? 사실 둘은 학창 시절 왕따 사건의 가해자와 피해자 관계였다. 어린 시절 지독한 괴롭힘을 당했던 아이에게 그 순간은 영원히 잊히지 않는 악몽 같은 기억이다. 따라서 괴롭힘을 당한 아이는 온몸에 각인된 기억 때문에 본능적으로 그를 두려워한 것이다. 하지만 가해자는 그것을 기억하지 못한다. 마치 그런 일은 일어나지 않았던 것처럼, 그 순간을 아름답게 자의적으로 포장하여 기억하는 것이다. 여기에서 알 수 있듯 기억은 얼마든지 왜곡될 수 있는 것이다. 기억은 내가 보고 싶어 하는 시간이자, 왜곡된 순간이며, 화석화된 영원에 불과하다.

조엘은 클레멘타인에 대해서 안 좋은 기억만을 가진 채 삭제를 결심한다. 하지만 아무리 연인 사이라 하더라도 상대방에 대해 모든 것을 속속들이 다 알 수는 없을 것이다. 사실상 그녀에 대한 조엘의 생각은 하나의 고정화된 편견에 불과하지만, 그는 이미 클레멘타인을 헤프고 예의 없으며 무책임한 인물로 규정한 상태이다. 이렇듯 자발적 기억은 진실을 은폐하고 왜곡해버린다. 과거에 일어난 사건의 실체는 온데간데없이 내가 보고 싶은 것만 보는 것이다.

그런데 어째서인지 과거로 돌아가면 갈수록 달콤한 순간이 다가온다. 기억 속의 무책임한 여자는 어디론가 사라지고 사랑스러운 여자가 나타나기 시작하는 것이다. 클레멘타인이 가진 가장 못생긴 인형에 자기 이름과 똑같은 이름을 붙여 못생겨지지 말고 예뻐지라고 외쳤던 어린 날의 상처를 털어놓은 기억. 어느 겨울밤 빙판 위에 나란히 누워 하늘의 별을 바라보던 순간. 그에게 이 기억은 너무나도 소중하지만 잃어버렸던 시간이다. 하지만 기억은 자꾸 지워져만 간다. 과거의 기억 속에 존재하는 조엘은 그 모든 것을 담고 있지만, 현재의 조엘은 기억 속의 자신을 알지 못한다. 그런데 그는 기억을 삭제하는 과정에서 기억 속의 자신을 만나게 된다. 이것은 분노에 사로잡힌 현재의 조엘이 끝까지 외면하려고 했던 숨겨진 진실이다. 그러나 오래전 행복했던 과거와 최근의 분노 어린 과거가 비약적으로 접촉하는 순간, 그는 자신이 놓쳐버린 의미를 발견한다. 그때 대다수의 사람은 후회한다. '나는 왜 그때 그 의미를 몰랐을까?' 하고 말이다. 조엘도 마찬가지이다. 그는 갑작스레 다가온 충격과 함께 자신의 감정이 간직하고 있던 실체를 다시금 직시하게 된다. 과거의 순간이 다시금 눈앞에서 재생되자 그때의 흐릿했던 감정이 생생하게 되살아난 것이다. 이제 그는 클레멘타인을 지우기 싫어졌다.

한편 라쿠나회사의 기억 삭제 직원인 패트릭(일라이저 우드 분)은 클레멘타인의 기억을 삭제하는 과정에서 얻게 된 정보를 이용해 그녀에게 접근했고, 연인이 되는 데에도 성공한다. 그런데 그 이후가 상당히 흥미롭다. "넌 내가 만난 여자 중 제일 멋져. 상냥하고 예쁘고 똑똑하고 재미있고, 착해." 패트릭은 그녀의 사랑을 얻기 위해 조엘이 했던 말을 반복한다. 재미있는 건 조엘과의 추억을 반복하면 할수록 클레멘타인이 상당히 혼란스러워한다는 것이다. 분명 조엘과의 기억은 완전히 사라진 상황이지만 과거의 순간이 재현되자 어렴풋한 감정이 다시금 떠오른 것이다.

사실 기억이라는 것은 명증한 사실의 종합이 아니라 스스로도 파악하지 못한 주관적 감정의 덩어리라고 볼 수 있다. 똑같은 사건을 경험하더라도 각 개인이 그 안에서 느끼는 감정은 다를 수 있기에, 한 가지 사건 속에도 여러 기억이 존재할 수 있는 것이다. 더욱이 기억은 견고한 토대 없이 항시 일부를 잃어버리고 다른 것으로 변해버리는 특징을 가진다. 과거에 긍정적이었던 기억이 부정적으로 바뀌기도 하고 부정적이었던 기억이 긍정적으로 바뀌기도 한다. 따라서 잃어버린 시간을 되찾는 것은 상당히 어려울 수밖에 없다. 하지만 잃어버린 시간에 담긴 감정 자체가 사라지는 것은 아니다. 그 순간의 감정은 강한 유대를 가진 무언가를 통해 다시 되살아나기도 한다.

클레멘타인은 어렴풋한 감정을 통해 잃어버린 시간을 떠올린다. 다만 스스로 삭제해버린 기억이기에 아무것도 생각나지 않을 뿐, 사랑했던 시간과 흔적은 온몸에 각인되어 있다. 그래서일까? 조엘마저 기억이 완전히 삭제된 이후 그들은 우연히 바닷가에서 다시금 만나 사랑에 빠져든다. 비록 사랑했던 이유는 사라졌으며, 아마도 같은 이유로 지겨워지고 싸울 것도 뻔하지만, 그 감정의 흔적은 남아 있기에 그런 것은 문제가 되지 않는다. 기억이 우리에게 전해주는 것은 바로 이것이다. 사랑했던 이유는 생각나지 않더라도 그 순간의 감정이 다시금 나타났을 때 과거는 현재에서 재현된다. 과거의 감정은 지금 이 순간에 의미를 더해준다. 이것은 경험해봤기에 가능한, 과거가 나에게 주는 선물과도 같은 것이다.

인간은 수많은 사건을 매일같이 경험하며 살아간다. 그 순간순간이 항상 기쁨과 환희로 가득 차 있다면 더할 나위 없이 좋겠지만, 불행히도 인간의 삶에는 고통과 슬픔으로 가득 찬 순간도 존재한다. 심지어 고통스러운 사건의 주인공이 나임에도 불구하고 그 의미를 제대로 이해하지 못하는 경우도 많다. 이럴 때 사람들은 하늘을 바라보며 왜 하필 '나'인 것이냐고 원망하기도 한다. 그뿐만 아니라 시간이 흐르면 그 기억은 잊힐 수도 있고 완전히 다른 의미로 왜곡될 수도 있다. 하지만 어찌되었건 필요한 순간이 다가올 때, 내가 뿌렸던 수많은 경험의 씨앗은 나에게 다가와 숨겨진 의미를 전달해줄 것이다. 비록 고통스러웠던 기억의 환기라 할지라도 그것은 이 상황을 헤쳐나갈 수 있는 하나의 지혜를 전달해준다.

조엘과 클레멘타인은 새로운 사랑을 시작한다. 하지만 그들은 이내 라쿠나회사에서 상담을 받을 때 녹음한 테이프를 듣고 자신의 비밀을 알게 된다. 그럼 어떻게 해야 할까? 자신은 생각나지 않는 어떤 이유가 무서워 새로운 사랑을 포기해야 할까? 사실 많은 사람은 과거의 아픔 때문에 새로운 사랑의 시작을 주저하곤 한다. 그들이 이야기하는 기억은 오직 아픔과 고통만을 말할 뿐이다. 하지만 새로운 사랑 앞에서 느끼는 두근거리는 감정은 나의 의지와 상관없이 잃어버린 시간의 의미를 전달해준다. 그 두근거림 안에는 행복했던 감정이 담겨 있는 것이다. 결국 잃어버린 시간은 내가 주저하는 순간 나를 밀어줄 수 있는 하나의 가능성으로, 내 삶의 가장 큰 지혜는 어느 무엇도 아닌 나의 과거가 전달해줄 수 있는 것이다.

라이프 오브 파이
균형 잡힌 삶이란 무엇일까?

"당신은 어떤 스토리가 마음에 드나요?

의심하는 건 좋은 거예요.

믿음을 굳게 해주니까요."

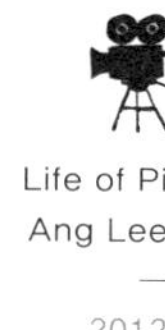

　어렸을 때 부산 영도 태종대에 간 적이 있었다. 그곳에는 자갈마당이 있는데 거기에서 마음에 드는 자갈돌을 하나 주워 왔다. 그런데 무엇 때문일까? 언젠가부터 그 돌이 내 삶에서 중요한 요소로 다가오기 시작했다. 길을 걸을 때도 항상 손에 꼭 쥐고 다녔고 시험을 칠 때도 책상 위에 돌을 올려놓고 치곤 했다. 비록 그 돌은 아무것도 아닌 평범한 돌에 불과했지만 왠지 보고 있으면 알 수 없는 안정감이 들곤 했다. 그러던 어느 날 그 돌을 잃어버렸다. 왜 잃어버렸는지 생각은 안 나지만 그때의 감정만큼은 뚜렷하게 남아 있다. 나는 무생물을 사랑했던 것이다.

　현대를 살아가는 수많은 사람은 이성과 과학적 합리성을 중시하며 살아간다. 과학에 입각한 사실만이 세상을 명확히 설명해준다고 믿기 때문이다. 분명 이성은 자연의 힘에 맞서 자연을 지배할 수 있는 길을 제시하여주었다. 자연을 이해하고 지배할 수 있다면 미신적인 공포 등의 감정은 더 이상 생겨날 이유가 없을 것이다. 하지만 과학적 합리성은 신비로운 체험 따위가 더 이상 설 수 없도록 만들어버렸다. 즉 인간이 가지고 있는 신화적 상상력을 퇴보시킨 것이다. 하지만 인간은 합리성만으로 살아갈 수 없는 존재이다. 이성으로는 설명할 수 없는 근원에 대한 충동을 느끼고, 끊임없이 그것을 갈망하며 살아가는 것이 바로 인간이다.

〈라이프 오브 파이〉는 현대인이 잃어버린 신비적 체험과 합리적인 것과 비합리적인 것의 대립에 대해서 이야기한다. 이는 영화의 배경인 폰디체리에 대한 설명에서도 확인할 수 있다. 폰디체리는 프랑스 식민지배를 받고 있는 인도의 한 지역으로, 백인이 거주하는 근대적 공간과 인도인이 살아가는 전통 공간으로 극명하게 나뉜다. 공간의 이원화를 통해 합리적 이성과 비합리적 정신문화의 대립을 드러내는 것이다. 이러한 대립은 파이(수라즈 샤르마 분)의 가족에게로 이어진다. 파이의 아버지는 냉철한 이성의 중요성을 강조하지만 파이의 어머니는 종교와 우주에 대해서 이야기한다.

파이는 합리성과 비합리성의 경계를 어슬렁거리는 인물이다. 아버지를 통해 지속적으로 이성 중심적 사고방식의 중요성을 교육받지만 그는 끊임없이 자신의 내면에 꿈틀거리는 무언가를 확인하려 든다. 처음엔 힌두교의 신들을 통해서 자신의 안에 존재하는 거대한 우주를 만나고, 이윽고 예수를 만나면서 사랑에 대해 알게 된다. 즉 힌두의 신을 통해서 자신의 안에 존재하는 거대한 우주를 만나고 예수를 통해 우주와 같은 거대한 사랑을 확인한 것이다. 파이는 다시 이슬람교에 귀의한다. 이슬람교도가 경전을 읽는 소리를 통해 신을 더 가깝게 느끼고 기도의 과정에서 더 큰 평온과 사랑을 직면한다. 그렇다고 그가 힌두교나 가톨릭을 버린 것도, 세 종교를 전부 신봉한 것도 아니다. 파이는 종교의 이면에 흐르는 거대한 힘을 느꼈을 뿐이며 그것을 확인하고 싶었던 것이다.

어느 날 파이는 동물원에서 키우는 벵골 호랑이 리처드 파커에게 다가가 호랑이의 눈에서 어떤 신성을 보려고 시도한다. 자신의 내면에 거대한 우주가 있다면 호랑이의 내면에도 거대한 우주가 있을 것이라 생각하여 이를 확인하려 든 것이다. 하지만 호랑이는 호랑이일 뿐이다. 철창 하나만을 사이에 둔 채 호랑이와 대면한 상황에서 아버지가 달려왔고, 파이는 극적으로 죽음의 위기에서 벗어난다. 화가 난 아버지는 파이가 얼마나 멍청한 짓을 했는지 알려주기 위해 염소를 한 마리 가져온다. 파이가 있던 위치에 염소를 두고 호랑이를 다시 불러들이자, 호랑이는 철창이 사이에 있었음에도 염소를 죽여서 철창 너머로 끌고 가버린다. 이런 충격적인 경험을 한 이후 파이는 더 이상 종교에 대해서 이야기하지 않으며 평범한 삶을 살아가게 되지만 그럼에도 지속적으로 삶의 의미를 줄 수 있는 무언가를 찾아 헤맨다.

동물원을 운영하던 파이의 가족들은 정부의 지원이 끊기자 더 나은 삶과 미래를 위해서 거대한 화물선에 동물들을 전부 싣고 캐나다로 이주를 결정한다. 하지만 캐나다로 향하던 중 화물선은 폭풍을 만나 침몰한다. 가족을 다 잃고 침몰하는 배에서 탈출한 파이는 작은 구조선에 매달린 채 폭풍에 휩쓸리게 된다. 이때 리처드 파커도 탈출에 성공하여 구조선에 탑승하게 된다. 갑작스레 리처드 파커가 구조선 위에 올라서자 깜짝 놀란 파이는 바닷속으로 도망을 친다. 이때 파이는 물속에서 침몰하는 배를 바라보게 된다. 폭풍우가 치는 거대한 바다를 뒤로 한 채 침몰하는 배를 바라보는 장면은 이 작품에서 가장 인상 깊은 장면 중 하나이다.

가족을 잃어버린 슬픔과 분노, 죽음에 대한 공포, 호랑이에 대한 두려움까지. 작금의 상황에서 파이의 감정 상태는 말 그대로 혼란의 뒤범벅이라고 볼 수 있을 것이다. 실제로 이 작품을 본 어느 항해사는 이 장면에서 극도의 공포감을 느껴 감당할 수 없는 눈물을 흘렸다고 말하였다. 이는 이성으로는 표현할 수 없는 절대적 절망의 상태이다. 그때 물속에서 침몰하는 배를 바라보는 파이의 심경은 스크린을 통해 관객에게 그대로 전달된다. 침몰하는 배의 모습은 두렵고 신비로우며 심지어 장엄하기까지 하다. 물 밖에서 벌어지는 극도의 혼란상과는 다르게 물 안에서는 고요한 장엄함이 펼쳐지고 있는 것이다. 이때 파이가 느낀 감정은 누멘적 감정(das numinöse Gefühl)으로 표현 가능할 것이다. 무한자에게 절대적으로 의존된 듯한 수동적 느낌. 이러한 느낌은 일련의 종교적 체험으로 볼 수 있다.

누멘적 감정이란 독일의 종교학자 루돌프 오토가 합리성으로는 설명할 수 없는 종교의 비합리적인 체험을 칭한 것이다. 가끔 사람은 너무나도 위대한 자연 경관 앞에서 압도적인 신비감을 느끼거나, 어떤 성스러운 장소에서 두려운 신성을 마주하였을 때 감정이 북받쳐 오르는 듯 눈물을 흘리곤 한다. 이는 절대적인 성스러움을 대면하였을 때 느끼게 되는 무(無)의 감정으로, 자신은 아무것도 아닌 듯 오로지 무로 함몰되어 급기야 사라져버리는 감정을 의미한다.

배가 침몰한 이후 구조선에서의 이야기는 파이와 리처드 파커의 투쟁적 일대기이다. 호랑이에게 잡아먹히지 않기 위해 파이는 필사적으로 노력한다. 그런데 그는 그 과정에서 놀라운 자연의 경이를 경험하게 된다. 바람이 불지 않아 파도조차 없는 바다는 하나의 거울이 되어 하늘을 비춘다. 그리고 배는 마치 하늘을 떠다니는 듯하다. 어느 날 밤 수많은 해파리가 야광을 뿜어내며 바다를 빛낼 때 거대한 향유고래가 뛰어오르는 장면은 경이로움의 궁극을 보여준다. 이 작품 속 자연은 신비로움 그 자체이다. 심각한 배고픔에 죽기 직전의 상태에서 우연히 다가오는 날치 떼, 만물과 하나 되는 듯한 신비적 체험 그리고 거대한 폭풍에 이르기까지. 이 수많은 것은 파이에게 신비적 체험을 선사하고, 파이는 자연을 통해 우주에 퍼져 있는 절대적 성스러움을 확인하게 된다.

파이는 지속적으로 신이라는 표현을 사용하지만 이는 인격화된 형태로서 성스러움을 표현하는 방식일 뿐 그가 느낀 것은 경이로운 우주 그 자체이다. 신비적 체험은 현상 너머에 있는 어떤 본질을 직관할 수 있게 해준다. 바람마저 불지 않는 고요한 밤, 리처드 파커가 어딘가를 멍하게 바라보자 파이도 함께 바닷속을 바라본다. 바로 이때 시간과 공간은 영겁의 순간을 뛰어넘어 순식간에 파이 앞으로 다가온다. 모든 동식물과 우주 만물 그리고 부모님에 이르기까지 모든 것이 하나로 이루어지는 전체성을 경험한 것이다. 이때 파이는 리처드 파커와 어떤 영적인 교감을 이루게 된다.

영화의 말미에 이르러 다시금 다가온 거대한 폭풍은 파이에게 있어 더 이상 단순한 폭풍이 아닌 신 그 자체이다. 파이는 신에게 외친다. 도대체 원하는 게 무엇이냐고, 나에게서 모든 걸 다 뺏어가고는 또 무엇을 원하느냐고 말이다. 파이의 외침은 분노의 표현이자, 구원에 대한 열망이자, 초월적인 무엇인가에 대한 믿음의 표현이다. 사실 이러한 감정을 스크린을 통해서 전달하는 것이 과연 가능한지에 대한 의문이 있었는데, 이안 감독은 이 작품을 통해 그 의문을 일소시킨다. 이 작품은 뛰어난 영상미로 유명하지만, 이는 진짜 자연을 촬영한 것이 아니라 철저하게 디지털로 만든 영상이다. 즉 가짜를 통해 극사실적인 영상을 재현할 뿐더러, 심지어 이 가짜를 통해 우리에게 깊은 종교적 체험을 전달하는 것이다.

폭풍은 지나갔지만 파이는 모든 식량을 잃어버려 사실상 살아남기 어려운 상태에 빠져든다. 그때 구조선은 어떤 섬에 닿게 된다. 수많은 미어캣과 해초 그리고 담수가 있는 섬에 도착하여 파이와 리처드 파커는 살아남는다. 여성이 누워 있는 듯한 형상을 가진 이 섬은 낮에는 생명을 주지만 밤에는 사람을 잡아먹는 식인섬이었다. 파이는 그곳에서 생명을 얻었지만 계속 머물다가는 섬에게 잡아먹힐 수밖에 없었다. 그래서 그곳을 떠나기로 결정한다. 1년이 넘는 표류 끝에 결국 육지에 닿아 구조된 파이는 일본인 선박회사 직원을 만난 자리에서 자신의 체험을 이야기해준다. 그러나 그들은 믿지 않는다. 이에 파이는 다른 이야기를 해준다. 사실 어머니와 요리사 그리고 불교도와 선원 한 명이 살아남았는데, 서로 죽고 죽이는 일이 발생하게 되었으며, 급기야 파이 혼자만 살아남아 요리사의 시체를 먹으며 살아왔다는 것이다. 이때 파이는 묻는다. 어떤 것을 믿고 싶은지 말이다.

파이가 직원들에게 들려준 두 이야기의 관계는 합리적 이성과 비합리적 믿음의 문제로 귀결된다. 철저하게 이성적으로 판단한다면 사실상 두 번째 이야기가 진실이 될 것이다. 실제로 이 작품은 두 번째 이야기의 진실성을 다양한 상징을 통해 드러낸다. 특히 식인섬 이야기는 이러한 상징성을 극적으로 드러내는 장면이다. 하지만 믿음의 문제로 넘어간다면 첫 번째 이야기가 진실이 될 것이다. 두 가지 이야기는 마치 선택의 문제처럼 보이지만, 엄밀히 말하자면 선택의 문제라고 볼 수 없다. 도리어 미국 종교학자이자 문학가인 미르체아 엘리아데의 관점에서 바라보자면 두 가지 이야기는 모두 진실이 된다. 이건 무슨 말일까?

이는 김춘수 시인의 〈꽃〉을 통해서 확인할 수 있다. 이 시에서 그는 아무것도 아닌 평범한 존재로, 길을 가다 지나칠 수 있는 수많은 사람 중 하나이다. 하지만 내가 그의 이름을 불러주었을 때 그는 나에게 특별한 존재가 된다. 내가 그의 이름을 불러주었던 기억은 결코 잊을 수 없는 것으로서, 다른 시간과 공간과는 구분되는 어떤 독특함을 간직하게 된다. 이렇듯 그는 누군가에게 특별한 감정을 일으키는 존재가 되어 꽃이 될 수도 있지만 또 다른 누군가에게는 그냥 지나치는 사람뿐일 수도 있다. 그렇다고 하여 '그'라는 존재가 완벽하게 다른 두 명의 사람인 것은 아니다. '그'라는 존재는 오직 한 사람이다. 결국 그는 하나의 존재에게 나타난 두 가지 현상으로 볼 수 있다.

이는 미르체아 엘리아데가 성현(聖顯)이라 부르는 것으로, 성스러움이 발현된 것을 말한다. 사람이 경이로운 자연을 바라보며 눈물을 흘릴 수 있다는 것은 무언가 압도적이고 신비로운 성스러움을 느꼈다는 것을 의미한다. 하지만 이런 성스러움은 홀로 나타나지 않고,

평범한 일상 세계(俗)와 더불어 나타난다. 성스러움이 나타나기 위해선 일상 세계가 필요하며, 성스러움은 오직 일상 세계 안에서만 나타나는 것이다. 평범한 돌멩이 하나에도 내가 어떤 의미를 부여한다면 그것은 평범하지 않은 돌멩이가 되어 나에게 새로운 존재로 다가온다. 새롭게 다가온 돌에는 다른 돌에서는 찾을 수 없는 무언가가 스며들어 있다. 결국 성스러움이라는 것은 초월적 본질로서 이데아와 같은 것을 지칭하는 것이 아니라 일상 세계에서 흔히 나타나는 주관적 경험을 의미하는 것이다.[2]

종교적 인간인 파이가 경험한 것은 마술적 효과[3]로서의 성현이다. 만약 파이가 철저하게 이성만을 중시한 채 바다를 표류하였다면 호랑이라는 존재는 없었을 것이며, 홀로 바다를 외롭게 떠돌아다니다 죽었을 가능성이 상당히 높아진다. 반대로 파이가 신비적 체험만을 중시한 채 이성을 배제하였다면 식인섬에서 진작 잡아먹혀 죽었을 것이다. 아니, 식인섬에 도착하기도 전에 죽었을 가능성이 다분하다.

---

[2] 정진홍, 《종교문화의 인식과 해석》, 서울대학교출판부, 1996, 4장 참조.

[3] 구석기인에게 동굴 벽화는 마치 마술과 같은 순간을 제공한다. 벽화 속 사자와 들소는 존재하지 않는 가상의 그림이 아니라 존재의 연장선에 실재하는 동물이다. 그들이 벽화에 들소를 그려 넣으면 실제로 들소가 늘어났으며 그들이 벽화의 들소를 향해 창을 던져 사냥을 하면 실제로 들소도 죽어나갔다. 현대인의 시각에서 보면 참으로 어이없는 행동에 불과하겠지만 이는 분명히 효과가 있었다. 물론 본질만 따진다면 그것은 분명 말이 안 되는 것이지만 강한 믿음은 인과관계를 넘어선 일정한 효과를 주게 된다. 오늘날 마술을 보면 대부분의 사람들은 그것이 가짜라는 것을 이미 알고 있다. 마술을 바라보았을 때 그것의 본질이 따로 존재한다는 것을 알고 있다는 것이다. 그럼에도 불구하고 나의 오감을 통해 경험하게 되는 그 마술의 체험은 나의 삶에 어떠한 형태로든 영향을 주게 된다. 그것이 바로 마술적 효과이다.

낚시를 할 생각도 없이 날치 떼가 우연히 다시 찾아오기만을 바랐을 테니 말이다. 파이 스스로도 인정하듯 이성을 중시하는 아버지의 가르침이 자신을 살린 것이었다.

파이는 이 둘의 조화를 이루어낸다. 즉 이성을 중심에 둔 채 신비적 체험과 믿음을 통해서 자신의 살아 있음을 지속적으로 확인한 것이다. 본질만 바라본다면 호랑이는 존재하지 않았다. 하지만 본질에 앞서는 성현의 체험과 믿음은 리처드 파커를 존재하게 만들었다. 믿음을 통해 존재하게 된 리처드 파커는 생존이라는 본질에 영향을 주게 된다. 결국 믿음이 본질을 바꾸게 된 것이다. 이것이 바로 신비적 체험과 믿음이 가져온 마술적 효과이다. 그렇다면 두 가지 이야기는 모두 진실이 된다. 호랑이가 정말로 존재했느냐 아니냐는 그다지 중요한 문제가 아니다. 중요한 건 파이는 믿었다는 것이고, 그 믿음을 통해 나타난 성현은 파이에게 살아갈 수 있는 힘을 전달해 주었다는 것이다. 즉 믿음이 존재의 여부를 결정지은 것이다.

어둠 속의 댄서
행복의 시학

'과거는 이미 보았고 미래의 모습도 알고 있어요.

난 모든 걸 보았어요.

더 볼 것이 없답니다. 이대로도 행복한걸요.

이대로도 만족하는걸요.'

어둠으로 꽉 막힌 세상, 그 어떤 해방구도 없는 듯한 느낌, 지독한 폭력이 나에게 행사되더라도 무조건 감내해야만 하는 절대적 절망의 상황. 이런 상황에서 우리는 어떻게 희망을 찾을 수 있을까? 작은 마을의 공장에서 일하는 셀마(비외르크 분)는 체코에서 미국으로 건너와 홀로 아들을 키우는 엄마이다. 홀로 아이를 키우며 살아가는 여성의 삶이란 사실 녹록지가 않다. 더욱이 셀마는 시력을 조금씩 잃어가고 있는 상황이다. 눈이 점점 보이지 않게 되자 공장에서 일하는 것도 어려워진다. 그럼에도 셀마는 밤낮을 가리지 않고 일을 한다. 왜냐하면 그의 아들인 진마저 자신처럼 시력을 잃어가고 있기 때문이다. 이에 셀마는 아들의 눈을 고쳐주겠다는 일념으로 고된 노동을 감내한다. 하지만 그녀에게도 삶의 기쁨이자 버팀목이 되는 것이 있다. 그녀는 음악과 춤을 너무나도 사랑하여 뮤지컬 배우를 꿈꾼다. 매일 고된 노동 후에도 뮤지컬 무대에 오르기 위해 연습을 하고 공연을 올릴 날만을 기다린다. 셀마는 녹록지 않은 현실과 무너질 것 같은 삶의 고통 속에서 춤과 노래라는 상상 속으로 빠져들어 현실에서 버틸 수 있는 힘을 얻는다. 즉 직관적 상상의 힘을 통해 살아가는 것이다.

바슐라르의 시학은 행복의 시학이다. 그에 따르면 인간은 본래 행복의 존재였지만 그것을 잃어버려서 세속적인 것에 종속되어버린 삶을 살아가게 됐다는 것이다. 이러한 맥락에서 바슐리는 몽상을 통해 인생을 긍정적으로 바라볼 수 있는 창조적 가능성과 행복한 삶에 대해 연구했다. 그가 말하는 몽상이란 의식도 무의식도 아닌 영혼과 같은 것으로서 텅 비어 있는 것이 아닌 존재로 충만한 것을 말한다. 바슐라르의 몽상은 행복한 영혼의 상태이자 깨어 있는 꿈이며 세계와 완전히 하나 된 상태로 나아갈 수 있는 가능성인 것이다.

몽상이 행복을 일깨워 줄 수 있는 이유는 물질적 이미지와 상상력 때문이다. 물질적 이미지란 대지·물·불·공기의 네 가지 원소에서 유추되는 무한에 가까운 이미지를 말하는 것으로, 시각·청각·미각·촉각·후각을 통해 지각되어 무한한 상상력의 계기로 작용한다. 한여름의 시원한 바다는 경쾌함을, 폭풍이 몰아치는 바다는 두려움을, 깊은 산속의 시커먼 호수는 끝없는 죽음의 이미지를 전달해준다. 바슐라르는 우리가 촛불을 바라볼 때도 촛불을 보는 것이 아니라 무한한 상상과 명상으로 빠져드는 것이라고 말한다. 다시 말해 물질적 상상력을 통한 이미지는 고정된 형태가 아니라 인간의 정신 속에서 끊임없이 변화한다는 의미이다. 바슐라르와 셀마 사이를 관통하는 공통점은 바로 여기에 있다. 바슐라르는 존재로써 충만한 인간과 행복의 시학을 표현하는 것이며, 셀마는 상상으로써 앞서 말한 네 가지 물질적 이미지가 전해주는 노래이자 행복의 시를 표현하는 것이다.

공장 노동자의 삶이란 결코 쉽지 않다. 그녀가 어떠한 삶을 살아왔고 어쩌다 아이를 낳게 되었는지는 알 수 없지만, 쉽지 않았던 현실이 지속적으로 쌓여오면서 지금의 현실을 만들었을 것이다. 하지만 그녀의 삶은 그다지 불행해 보이진 않는다. 친절한 친구와 음악이 있기 때문이다. 비록 자신은 눈이 멀어가고 있지만 아들만큼은 눈을 뜨게 해줄 수 있다는 믿음과 자신이 좋아하는 뮤지컬을 통해 나름의 작은 행복을 느끼며 살아간다. 하지만 셀마의 눈은 급격히 안 좋아져 작업 도중 잦은 실수가 반복되기에 이른다. 그래서일까? 셀마는 눈이 완전히 멀기 전에 돈을 더 벌어야 한다는 생각으로 조급함에 일을 더 늘려 야간조에 들어간다.

눈이 잘 안 보이는 상태에서 하는 야간작업은 셀마를 극심한 어둠의 상태로 몰아간다. 온통 불안으로 가득한 상황에서 닥쳐오는 시각적 어둠은 그녀를 완벽한 절망의 상태로 몰아갈 만할 텐데도 셀마는 그 속에서 희망을 본다. 반복되는 기계음 속에서 자신만의 리듬을 찾아내고 자신만의 음악을 창조한다. 차가운 기계의 감촉과 소음 속에서 그녀가 창조해내는 음악은 삶에 대한 생기가 넘쳐흐르는 대지의 음악이다. 비록 어둠 속에서 이루어지는 힘든 노동이지만, 아들의 눈을 치료할 수 있다는 희망을 가져다주기 때문이다. 대지는 금속과 완고함 그리고 풍요의 이미지를 가진다. 대다수의 문명은 대지의 풍요로움을 통해 삶에 대한 희망과 기쁨을 확인한다. 대지에서 거둔 수확의 기쁨은 언제나 거대한 축제의 장으로 나아간다. 셀마는 차가운 기계의 감촉 위에서 대지의 풍요로움과 희망을 엿본다. 이 순간의 음악은 풍요의 음악이자 축제의 음악인 것이다.

하지만 짧은 행복이 끝나면 현실은 다시금 그녀를 극한으로 몰아간다. 작업 도중 실수가 반복되자 회사는 더 이상 셀마를 고용하기 어렵다며 해고해버린다. 더욱이 눈이 안 보여 뮤지컬도 할 수 없는 지경에 이르자 그녀는 그냥 하기 싫다는 거짓말을 하며 역을 포기한다. 셀마의 곁에는 그녀를 사랑하는 제프(피터 스토메어 분)가 있지만 셀마는 그의 사랑을 받아들이지 않는다. 회사에서 쫓겨난 이후 집으로 돌아가기 위해 홀로 기찻길을 걷던 셀마는 자신을 쫓아온 제프와 대화를 나눈다. 제프는 자신의 차로 집까지 데려다 주겠다고 말하지만 그녀는 이 또한 거절한다. 이때 제프는 셀마의 눈이 멀어버렸음을 눈치챈다. 그리고 그녀의 두 번째 몽상이 이루어진다. 〈I've Seen It All〉은 완벽한 절망의 상태에서 자신은 이미 모든 걸 다 가지고 있다고 말하며 공기와 같은 자유로움을 말하는 음악이다. 기차가 스쳐 지나가는 순간 느껴지는 바람과 뺨을 간질이는 공기의 촉감은 자유의 가능성이다. '난 모든 걸 봤는걸요. 나무도 보았고 미풍에 나부끼는 버드나무 이파리도 보았고, 제일 친한 친구의 손에 죽은 사람도 보았고, 꽃을 피우기도 전에 쓰러진 생명도 보았어요. 과거는 이미 보았고 미래의 모습도 알고 있어요. 난 모든 걸 보았어요. 더 볼 것이 없답니다. 이대로도 행복한걸요. 이대로도 만족하는걸요.' 공기는 보이지 않는 사물의 바다이다. 굳이 소유하지 않아도 눈으로 직접 보지 않아도 가질 수 있는 무한에 가까운 바다인 것이다. 공기는 자유, 해방, 바람의 이미지를 가진다. 셀마는 눈이 멀어버린 절망의 순간에 자신은 이미 많은 것을 가지고 있다고 노래 부른다. 나무도 보았고 미풍에 나부끼는 버드나무 이파리도 보았다. 이에 제프는 코끼리나 만리장성, 결혼할 남자와 함께 살 집을 못 보지 않았냐고 묻지만 셀마는 자신과 상관없는 일일 뿐이라고 말한다. 어떻게 보면 체념일 수도 있겠지만 셀마는 상상력을 통해 도리어 큰 자유를 얻는다. 어차피 만물의 근원은 어느 곳도 아닌 인간의 마음속에 있는 것이기에, 눈으로 보지 않아도 굳이 가지지 않아도 그녀는 모든 걸 가질 수 있다. 이는 마치 기차를 타고 어디론가 멀리 여행을 가듯 자신을 얽매던 속박의 공간에서 벗어날 수 있는 자유로움을 얻는 것이다. 이처럼 인간은 스스로 행복해질 수 있는 힘을 가지고 있다. 인간이 몽상에 빠진 채 행복의 시를 노래할 수 있는 것은 몽상적 의식이 가지고 있는 힘이다.

　　순수한 몽상 속에서 남자든 여자든 모든 인간 존재는 '몽상의 비탈'을 끊임없이 내려감으로써 심층의 아니마(여성성)에서 휴식을 만난다. 이 하락은 추락이 없다. 그와 같은 불확정적인 심층 속에 여성적 휴식이 지배하고 있다. 근심, 야망, 계획에서 멀리 떨어진 이와 같은 여성적 휴식 속에서 우리는 구체적인 휴식, 우리의 전 존재를 쉬게 하는 그런 휴식을 경험한다.[4]

　몽상이 가지고 있는 가장 큰 특징은 엄마의 품과 같은 편안한 휴식이다. 즉 가장 단순하고 순수한 상태의 몽상은 저 깊고 깊은 곳으로 침전해 들어가는 모성에 속하며, 이것은 인간에게 모든 이성적 측면에서 벗어나 우리의 온 존재가 쉴 수 있는 여성적 휴식을 경험하게 한다. 셀마는 상당히 어려운 상황에서도 고통으로 쉽게 빠져들지 않는다. 만약 세상만사를 합리적 이성으로만 이해했다면 셀마는 그 어떤 희망도 찾을 수 없었을 것이다. 하지만 그녀는 그 속에서 스스로 행복해지는 길을 찾는다. 그것은 꿈속의 무의식도, 어떤 외부 대상의 영향도 아닌 순전히 몽상의 의식에 의한 것이다.

4　　가스통 바슐라르, 《몽상의 시학》, 김웅권 옮김, 동문선, 2007, p.83.

　어느 날 이웃에 사는 경찰관 빌(데이비드 모스 분)이 자신의 고민을 셀마에게 말한다. 자신은 돈이 다 떨어졌는데 부인인 린다(카라 시모어 분)는 그 사실을 모르는 채 끊임없이 사치를 일삼는다고, 더 이상 자신의 월급으론 충당할 수가 없는데 부인이 자신을 떠날까 봐 두려워 말을 할 수 없다고 말이다. 이에 셀마는 자신의 비밀도 알려준다. 이제껏 열심히 돈을 벌어 고향의 아버지에게 돈을 보내왔다고 말했는데 사실은 아들의 눈 때문에 돈을 모으고 있었다고 말이다. 이 말을 들은 빌은 자신의 경제적 어려움을 해결하기 위해 몰래 셀마의 돈을 훔친다. 셀마는 빌을 찾아가지만 그는 돈을 돌려주지 않는다. 그는 셀마를 향한 죄책감과 자신에 대한 자괴감에 빠져든다. 하지만 끝내 자신의 손으로 돈을 돌려주지 않을 뿐만 아니라 도리어 총으로 셀마를 협박하고 누명을 씌운다. 돈을 빼앗기지 않으려고 가벼운 몸싸움이 일어나고 그때 실수로 빌은 총에 맞는다. 자괴감에 자신을 죽여달라는 빌의 부탁에 셀마는 보이지 않는 눈과 떨리는 손으로 아무렇게나 총을 쏴버린다. 그리고 결국 빌은 죽는다.

　비록 눈은 멀었지만 나름 행복하고 자유를 얻었다고 생각했는데 어처구니없이 살인자가 되어버린 셀마. 이때 그녀는 세 번째 물의 몽상을 향해 나아간다. 물이 주는 이미지는 모순적이다. 한편으론 생의 중심이 되어 맑고 깨끗한 이미지를 떠올리지만 다른 한편으론 죽음의 중심이 되어 슬픔과 눈물, 죽음 등의 이미지로 나타난다. 물은 삶과 죽음이 함께하는 혼돈의 이미지인 것이다. 그래서일까? 세 번째 몽상은 피, 세면대의 물, 호수의 물에 이르기까지 온통 물의 이미지로 가득하다. 하지만 이 물은 어두운 물이다. 아들을 위해 지독한 모성애로 모은 돈을 찾으려 했지만 그 결과 빌의 죽음을 불러와 눈물을 쏟기에 이르렀다. 셀마는 어처구니없을 정도로 순수한 존재이다. 도대체 무엇 때문에 저렇게 하는지 이해할 수 없을 정도이다. 은행에 돈을 보관하면 될 것을 왜 저리 깡통에 보관하는지 이해할 수 없으며, 경찰에게 빌이 자신의 돈을 훔쳐갔노라 하고 말할 수도 있지만 그녀는 말하지 않는다. 논리적으로 이해할 수 없는 지나친 비약이라고 말할 수도 있겠지만, 그 모든 비논리성은 물의 이미지 속으로 침몰한다.

셀마는 안과 의사에게 아들의 수술비를 지불한 이후 뮤지컬 연습장으로 간다. 그곳에서 네 번째 몽상을 통해 자신의 꿈과 열정을 확인한다. 그리고 체포되어 재판장으로 들어간다. 그러나 어처구니없게도 그녀는 자기 자신을 적극적으로 변호하지 않는다. 아들에게 눈과 관련된 비밀을 알리지 않기 위해 모든 걸 끌어안은 채 재판에 임한다. 셀마는 자신이 돈을 열심히 모았고 그 돈은 전부 아버지 노바에게 보냈노라고 항변하지만, 검사는 셀마가 말하는 노바를 직접 증인으로 내세운다. 사실 노바는 아버지가 아니라 그녀가 가장 좋아했던 뮤지컬 배우였다. 셀마는 아들에게 '너도 눈이 멀 것'이라는 사실을 알려주지 않기 위해 자신의 가장 소중했던 무언가를 내세워 거짓말을 했던 것인데 그것이 자신을 목 죄어온 것이다. 이때 다섯 번째 몽상이 펼쳐진다. 네 번째와 다섯 번째 몽상은 불의 이미지를 가진다. 불은 모든 것을 불태워 버리는 열정 같은 것으로 사랑과 욕망, 열정과 환영 등의 이미지를 가진다. 셀마는 불의 몽상 속에서 오직 자신의 꿈에 대해서만 이야기한다. 마치 이 모든 현실이 한 편의 뮤지컬이길 바라는 양, 막이 내려가면 모든 것이 끝날 것처럼, 몽상 속에서 꿈에 대한 이야기를 펼치지만 결국 모든 것을 불태워 버린 채 사형을 선고받는다. 하지만 불은 모든 것을 태워버린 이후 다시 태어난다. 따라서 불은 불사조와 같이 파멸을 넘어선 부활의 의미를 가지기도 한다. 그렇다면 셀마가 그려낼 부활은 과연 어떤 모습으로 나타날까?

감옥 안은 완벽히 죽어버린 공간이다. 그 어떤 소리도 들리지 않는 삭막한 공간이기에 셀마는 더 이상 몽상을 이어갈 수 없다. 환풍기 너머 들릴 듯 말 듯하는 소리에 의존하여 노래해보려 하지만 주변의 모든 사물은 더 이상 소리 내어주지 않는다. 스스로 리듬을 만들어보려 시끄럽게 발을 디뎌보지만 더 이상 노래를 부를 수 없다. 몽상으로 빠져들 수 없는 셀마는 극심한 공포 속으로 빠져든다. 친구들은 셀마의 비밀을 알아내, 안과 의사에게 지불된 돈으로 변호사를 다시 선임해 사형을 피해보려 하지만 셀마는 이를 거부한다. 아들을 위해서 사형장으로 걸어가는 그 길은 극도의 공포로 가득 찬 길이다. 너무 무서워 걷지도 못하는 그녀를 위해 교도관은 발로 행진 리듬을 만들어주며 사형장으로 걸어간다. 감옥이라는 죽어버린 공간 안에선 그 어떤 자연의 이미지도 확인할 수 없다. 오로지 공포만이 가득한 그곳에서 셀마는 더 이상 물질적 상상력을 노래하지 않는다. 오직 하나, 둘, 셋, 넷…열다섯, 열여섯…쉰하나, 쉰둘…백하나, 백둘…. 걸음걸음의 숫자만을 세어가며 감옥 안의 죄수들을 위로하면서 앞으로 나아간다.

사형장에 도착한 셀마는 너무 두려워 울부짖으며 몸부림친다. 다가오는 자신의 죽음도 두렵지만 아들이 눈 수술을 받았는지, 제대로 앞을 볼 수 있는지에 대한 걱정도 크게 다가온다. 이때 그녀의 친구인 캐시(카트린 드뇌브 분)가 아들 진의 수술이 성공하였으며, 이제 눈이 멀지 않을 것이라고 말해준다. 안정을 찾은 셀마는 마지막 노래를 부른다. 셀마는 현실 위에 발 디딘 채 그 어떤 리듬도 자연의 소리도 찾을 수 없는 상태에서 홀로 노래 부른다.

"사랑하는 진, 네가 가까이 있으니 이젠 두려울 게 없단다. 진작 알았어야 했어. 난 혼자가 아니란 것을. 이건 마지막 노래가 아니란다. 바이올린도 없고 합창단도 조용하고 빙빙 도는 무희도 없잖니. 이건 마지막 전의 노래일 뿐. 그뿐이란다, 그뿐. 내가 한 말을 명심해라. 빵은 꼭 싸서 넣어두고 이것도 하고 저것도 하고 침대도 정리해라. 이건 마지막 노래가 아니란다. 바이올린도 없고, 합창단도 조용하고, 빙빙 도는 무희도 없잖니. 이건 마지막 전의 노래일 뿐. 그뿐…."

셀마는 노래를 다 끝내지 못하고 사형된다. 그 이후 뒤의 가사를 자막으로 보여주며 모든 소리를 제거해버린다. 노래의 뒷부분이 어떤지는 알 수 없지만 굳이 알 필요도 없을 것이다.

바슐라르는 과거의 자신에게서 벗어난, 자신 이외에 그 어떤 것의 지배도 받지 않는, 역동적 상상력을 말한다. 역동적 상상력은 모든 물질에서 해방되었으며 운명을 만들어가기 위해 스스로 목적을 창조하는 힘이다. 이는 상상하는 주체가 감각적인 것에서 해방되었을 때 자신을 미래로 내던질 수 있는 존재 생성의 힘이다. 역동적 상상력은 우리에게 커다란 울림을 전해준다. 셀마는 마지막 노래를 부를 때 더 이상 물질적 상상력에서 자신을 찾지 않는다. 대지도 공기도 물도 불도 더 이상 의미를 가지지 않는다. 불과 방금 전까지만 해도 발작하듯 몸부림치던 그녀는 아들의 소식을 듣고 급격히 평안을 되찾는다. 음악과 자신의 아들 외에는 그 어떤 장면도 떠오르지 않기에 그 순간 셀마는 더 이상 두려움에 몸부림치지 않고 진정으로 환희에 찬 노래를 부를 수 있게 된다. 비록 그 노래는 다 부르지 못한 채 죽음으로 마무리되지만 그녀의 죽음은 사형장 안에 있던 모두와 영화를 바라보는 관객에게 커다란 울림을 전해준다. 이것은 우리 내부에 있는 거대한 힘인 상상력을 통해서 가능한 것이다.

이 영화는 예술 작품이 전해줄 수 있는 최고의 울림을 우리에게 선사한다. 이것은 모든 것이 합일되어 행복을 느낄 수 있는 거대한 존재 전환의 순간이다. 사실 셀마가 보여주는 도대체 이해할 수 없는 비논리적인 행동은 우리의 일상에서 흔히 찾아볼 수 있는 것이다. 누가 봐도 뻔히 안 되는 일을 끝없이 한다거나, 누가 봐도 아닌 사랑에 목숨을 거는 사람이 있다. 이에 사람들은 말한다. "정신 좀 차리라고!" 하지만 중요한 것은 그 순간의 상상력이 주는 충만함이다. 셀마는 고통에 몸부림치는 순간 홀로 거대한 축제의 장을 열었고, 모든 것을 잃어버렸을 때 진정한 자유를 노래했다.

　이렇듯 상상력의 세계는 이성으로는 설명할 수 없는 존재의 또 다른 측면이다. 비이성적인 이것은 거대한 행복감의 풍요로움으로 넘쳐난다. 분명 셀마의 현실은 불행했다고 볼 수 있겠지만 녹록잖은 현실이 쌓여가는 것을 스스로 막을 수는 없다. 그럼 하늘을 원망해야 하는 걸까? 아니면 그 안에서 행복한 삶을 탐색해야 할까? 사실 몽상은 확실히 헛된 것이다. 하지만 헛된 것이기에 살아 있는 것이다. 우리는 흔히 달콤한 소망이 잔뜩 담긴 무엇을 상상하곤 한다. 물론 짧은 상상이 끝났을 때 돌아온 현실에서 느끼는 허무감은 더욱 클지도 모른다. 하지만 그 상상이 나에게 큰 울림을 줄 수 있다면, 현실 속에서 절망하는 나를 끊임없이 밀어 올려줄 수 있다면, 그것은 꽤나 괜찮고 질 좋은 행복일 것이다.

쇼생크 탈출
고귀한 삶을 위한 여정

“이 철책은 웃기지.

처음엔 싫지만 차츰 익숙해지지.

그리고 세월이 지나면 벗어날 수 없어.

그게 길들여지는 거야.”

앤디(팀 로빈스 분)는 유능한 은행가였지만 부인과 그녀의 정부를 죽였다는 억울한 누명을 쓰고 두 개의 종신형을 선고받아 감옥에 들어온다. 교도소장인 노튼(밥 건턴 분)은 신입 죄수들 앞에서 연설을 하며 교도소에서 지켜야 할 규칙에 대해서 이야기한다.

"규칙 첫 번째, 욕설은 안 돼. 내 감옥에서 주님을 욕되게 할 순 없어. 나머지는 차차 알게 돼…. 난 두 가지만 믿는다. 규율과 성경. 너희는 둘 다 받게 될 거다. 주를 믿고 의지하라."

대부분의 죄수는 감옥에 들어온 첫날 마치 이것이 자신의 현실이 아닌 것마냥 흐느끼며 고통스러워한다. 새로운 죄수가 들어오는 날은 쇼생크 감옥의 축제와도 같다. 무의미한 일상 속에서 재미있는 변화가 생기는 순간이기 때문이다. 이에 신입이 들어오는 날 감옥의 죄수들은 누가 제일 처음 우는지 내기를 하며 순간의 변화를 즐긴다.

쇼생크 감옥은 어떤 곳일까? 그곳은 맹목적인 규율에 따른 성경의 지배를 받는 곳이자, 신의 이름으로 모든 차별과 폭력을 눈감는 곳이다. 신입 죄수가 첫날 밤 울었다는 이유만으로 지독한 구타와 함께 독방에 처넣어 버렸다가 다음 날 죽어도 아무런 문제가 되지 않는다. 그곳에서 살아가는 죄수들은 철저하게 규율에 길들어져 더 이상 희망을 말하지 않는다. 앤디는 죽어버린 신입 죄수의 이름을 물어보지만 기존의 죄수들에겐 의미 없는 행동일 뿐이다. 오직 주어진 대로의 삶, 아무런 목적이 없는 삶에 길들여지고 그렇게 자신을 길들이는 가치관에 일말의 의문을 가질 수도 없는 상태이다. 신을 말하지만 정작 그 신은 죽어버린 감옥. 절대적 절망의 상황에 놓인 인간은 어떻게 살아야 할까?

감옥에서의 삶이란 대단히 단순하다. 한정된 공간에 갇혀서 항상 동일한 시간에 기상하고 식사한 후 취침해야 한다. 생명 유지를 위한 최소한의 시간 외에는 일정한 노동을 해야 하지만, 이 또한 지독하게 단순한 형태의 업무를 매일 반복하는 것에 불과하다. 사실 이러한 감옥에서의 삶은 일상 속에서 누구나 느끼는 것이다. 니체는 일상적으로 같은 것을 반복하며 무의미하게 살아가는 것을 두고 영원회귀에 빠져버린 삶이라고 말했다. 영원회귀란 모든 만물은 그 어떤 목적도 없이, 동일한 모습(동일자)으로 영원히 순환한다는 것을 의미한다. 만약 우리의 삶이 절대적 절망의 상태에 빠져 그 어떤 목적도 의미도 없이 똑같은 루프만 무한히 반복한다면 어떠할까? 어쩌면 그것이야말로 지옥일지도 모르겠다.

앤디는 홀로 조용히 지내다 레드(모건 프리먼 분)에게 접근한다. 그리고 돌을 조각하는 취미를 가져보고 싶다며 조그마한 망치를 하나 구해달라고 요청한다. 감옥에서 20년을 보낸 레드는 어떤 물건이든 조달해줄 수 있는 아주 오래된 경력을 가지고 있다. 앤디에게 왠지 모를 호기심을 가지고 있던 레드는 이 기회에 그와 친해지고자 그에게 경고를 한다. 누군가 너를 노리고 있다고 말이다. 앤디는 누가 나를 노리겠냐고, 나는 적이 없다고 말한다. 하지만 레드의 눈에는 이미 앤디를 노리는 적들의 모습이 뻔히 보이는 상황이다. 앤디는 조용히 교도소 생활을 하고 싶었을지도 모르겠지만 그곳은 도덕적 가치의 지배를 받는 동화 속 세계가 아니었다.

레드의 경고가 있기 무섭게 앤디는 교도소 안에서 무려 2년 동안 강간을 당한다. 저항하려고 해도 저항할 수 없다. 어느 누구도 도와줄 수 없다. 더욱이 그는 두 개의 종신형을 받은 상황이다. 어쩌면 죽을 때까지 강간을 당해야 할지도 모른다. 그 어떤 말로도 표현할 수 없을 만큼 끔찍하게 고통스러운 상황인 것이다. 아마도 학교 폭력 때문에 자살하는 아이들이나 사회에서 버림받아 자살하는 사람도 이와 비슷한 상황에 놓였을 것이다. 그 무게는 다를지언정 어디로도 도망갈 수 없는 상황인 것이다. 영원회귀 하는 삶 속에서 지속적인 폭력을 당하고, 그 상황에서 벗어날 수도, 어느 누구도 도와줄 수 없다면 그것이야말로 지옥일 것이다.

감옥 안의 죄수 대부분은 감옥이 불합리하다는 것을 알고 있다. 하지만 그들은 그냥 그곳에 길들여진다. 자신들이 어떻게 할 수 있는 것이 없기에 그냥 따르는 것이다. 이것이 바로 영원회귀 하는 절망에 빠져 몰락해버린 인간의 모습이다. 하지만 앤디는 다른 죄수들처럼 똑같이 몰락하지 않는다. 도리어 그 속에서 희망을 찾고자 한다. 자신이 가지고 있는 은행가로서의 역량을 이용하여 맥주를 마시고 자신을 강간하던 죄수에게서도 벗어난다. 앤디는 잡일이 필요 없는 도서관에 배치되어 좀 더 편한 생활을 누리게 되었다. 도서관에서 앤디는 모든 교도원의 세무 일을 봐주며 도서관의 책을 늘려달라고 요청한다. 하지만 노튼 소장은 예산이 없다며 거절하고, 이에 앤디는 주 의회로 편지를 쓴다. 매주 편지를 보내지만 응답은 없다. 보통 사람이었으면 포기할 만도 한데 그는 보내고 또 보낸다. 6년 동안 편지를 보낸 끝에 주 의회는 편지를 그만 보내라고 하면서 헌 책과 음반을 보내준다. 그리고 이때 앤디는 간수가 자리를 비운 틈을 타 오페라 〈피가로의 결혼〉 중 〈편지 이중창〉을 교도소 전체에 방송해버린다.

"난 지금도 그 이탈리아 여자들이 뭐라고 노래했는지 모른다. 사실은 알고 싶지 않다. 모르는 채 있는 게 나은 것도 있다. 난 그것이

말로 표현할 수 없고 가슴이 아프도록 아름다운 얘기였다고 생각하고 싶다. 그 목소리는 이 회색 공간의 누구도 감히 꿈꾸지 못했던 하늘 위로 높이 솟아올랐다. 마치 아름다운 새 한 마리가 우리가 갇힌 새장에 날아 들어와 그 벽을 무너뜨린 것 같았다. 그리고 아주 짧은 한순간 쇼생크 감옥의 모두는 자유를 느꼈다."

레드의 소감이 말해주듯 모든 죄수는 그 순간 희망을 맛본다. 비록 앤디는 그 일 때문에 2주간 독방을 썼지만 말이다. 니체는 비극의 탄생을 통해 디오니소스적 음악이 절망을 극복하는 데 중요한 역할을 한다고 주장했다. 디오니소스는 황홀경과 도취 그리고 어둠과 심연에 빠져 근원적 동일성으로 돌아가려는 충동을 의미하며, 이를 대표하는 예술형식이 바로 음악이다. 음악은 모든 계급적 차별을 뛰어넘어 만물이 하나 되는 듯한 황홀경을 제시한다. 돈이 많든 적든, 신분이 높든 낮든 음악을 통해 느끼는 감동의 크기는 같다. 앤디는 독방에서 나와 동료 죄수들에게 그 음악을 잊어버리지 말고 간직하라고 말한다. 망각하지 않은 채 가슴속에 품고 있다면 언제든 희망은 싹트기 마련이다. 하지만 레드는 쇼생크에서 가장 쓸모없고 위험한 것이 희망이며 자신들에겐 오직 길들여진 삶만이 존재한다고 말한다. "이 철책은 웃기지. 처음엔 싫지만 차츰 익숙해지지. 그리고 세월이 지나면 벗어날 수 없어. 그게 길들여지는 거야." 이렇듯 감옥에 갇혀 똑같이 몇십 년을 보내고 있지만 앤디와 레드는 극명한 차이를 보여준다. 그렇다면 이 차이는 어디에서 비롯하는 것일까?

사실 우리가 이 작품에서 큰 공감을 느끼는 이유는 죄수들의 모습과 우리의 일상이 그다지 다르지 않다고 느끼기 때문이다. 밤을 새워가며 열심히 한 일을 직장 상사가 마치 자신이 한 일인 양 빼앗아가버리고, 평생을 몸 바쳐 일해온 회사에서 해고되기도 하고, 누가 봐도 불합리한 말도 안 되는 일을 하고도 아무런 처벌을 받지 않는다. 그럼 어떻게 해야 할까? 레드처럼 어쩔 수 없다고, 희망 따윈 존재하지 않는다고 모든 것을 포기해버려야 할까? 아니면 앤디처럼 그럼에도 어떤 희망을 도출해내야 하는 것일까?

인간이라는 유형을 향상시키는 모든 일은 지금까지 귀족적인 사회의 일이었다. 그리고 앞으로도 항상 그렇게 반복될 것이다. 이와 같은 사회는 인간과 인간 사이의 위계질서나 가치 차이의 긴 단계를 믿어왔고 어떤 의미에서 노예제도를 필요로 했다. 마치 혈육화된 신분 차이에서, 지배계급이 예속자나 도구를 끊임없이 바라다보고 내려다보는 데서, 그리고 복종과 명령, 억압과 거리의 끊임없는 연습에서 생겨나는 거리의 파토스(das Pathos der Distanz)[5]가 없다면, 저 다른 더욱 신비한 파토스, 즉 영혼 자체의 내부에서 점점 더 새로운 거리를 확대하고자 하는 요구는 전혀 생겨나지 못했을 것이다. 그것은 점점 더 높고 점점 드물고 좀 더 멀리 좀 더 폭넓게 긴장시키는

---

5   자신을 더욱 발전시켜 타인과의 격차를 벌리려 하는 열망 혹은 그러한 심리 상태.

좀 더 광범위한 상태를 만들어내는 것이며, 간단히 말해 '인간'이라
는 유형의 향상이자 도덕적 형식을 초도덕적인 의미로 말한다면 지
속적인 '인간의 자기 극복'에 지나지 않을 것이다.[6]

니체는 절대적 절망의 상태에서 벗어날 수 있는 방법으로써 주인
의식이 있는 고귀한 인간의 삶을 말한다. 고귀한 인간은 내 삶의 주
인이 되어 끊임없이 자신을 극복하고 지배할 수 있는 인간 유형을
말한다. 남의 이목에 사로잡혀 살아가기보다는 오직 나 자신만을 긍
정하며, 훨씬 더 발전하고 나아진 나의 모습에서 기쁨을 느낄 수 있
는 거리의 파토스만을 요구한다. 다시 말해 끊임없이 자신을 발전시
켜, 타인과 나 사이 그리고 과거의 나와 현재의 나 사이의 격차를 벌
리려는 열망(거리의 파토스)만이 삶의 목적이 되는 것이다. 고귀한 인
간은 스스로의 가치를 결정하는 자라고 느낀다. 그에게는 타인에게
인정받는 것이 필요하지 않다. 오직 자신의 삶을 이끌어나갈 가치를
스스로 창조하는 사람인 것이다.[7] 반면 니체는 스스로 삶을 결정할
수도 없고, 스스로를 이끌어나갈 가치를 창조할 수도 없는 자를 노
예 인간이라고 불렀다. 이들은 세상이 자신을 돌봐주고 적당히 관용
해주기를 바랄 뿐이다. 스스로 새로운 가치를 만들 용기가 없는 자

---

6   니체, 《선악의 저편 · 도덕의 계보》, 김정현 옮김, 책세상, 2009, p.271.

7   니체, 《선악의 저편 · 도덕의 계보》, 김정현 옮김, 책세상, 2009, p.276.

들이기에 이들은 끊임없이 저급한 자기 보존에 집착할 뿐이다.

브룩스(제임스 휘트모어 분)는 이러한 삶의 전형을 보여준다. 브룩스는 50년이라는 기간을 쇼생크 감옥에서 살아온 인물로, 감옥이 요구하는 규범과 도덕을 철저하게 내재화한 채 살아왔다. 따라서 그에게 감옥 이외의 삶은 상상조차 할 수 없는 것이다. 그러던 어느 날 그에게 출소 명령이 떨어진다. 이에 브룩스는 당황한다. "난 밤이면 잠을 설쳐. 절벽에서 떨어지는 악몽을 꾸지. 겁에 질려 잠에서 깨. 가끔 내가 어디 있는지 기억하는 데 시간이 걸려. 총을 구해 식료품점을 강도질하면 쇼생크에 돌아갈 수 있을까? 하는 김에 지배인을 쏠 수도 있겠지, 보너스로. 그런 바보짓을 하기엔 난 너무 늙었나 봐. 난 여기가 싫어, 항상 두려움 속에 사는 것에 지쳤어. 여기 있지 않기로 했어. 나 같은 늙은 도둑놈 하나쯤 사라진다고 소란을 피우진 않겠지." 50년이라는 기간을 감옥에서만 살아온 브룩스는 바깥세상에서 지독한 절망감을 느끼게 되고 결국 적응하지 못한 채 자살한다.

브룩스의 절망과 자살은 간단한 문제가 아니다. 대다수의 사람은 자신이 태어나기도 전에 이미 정해진 올바른 코스라는 것을 따르기 위해 노력한다. 아무리 사회가 불합리할지라도 옳다고 여기는 코스를 따르기만 하면 무난한 삶을 보장받을 수 있기 때문이다. 하지만 올바른 코스를 밟아오면서 살아온 삶이 브룩스와 같이 타인에 의해 갑자기 무너지게 된다면 어찌해야 할까? 이런 현상은 자기 자신에 의해서도 발생할 수 있는 문제이다. 자신의 우물 속에 갇혀버려 오직 그것만이 전부이고 그것 외에는 아무것도 생각할 수 없는 고집에 빠질 때, 모든 것을 잃어버리는 경험을 할 수 있다. 이 작품에서 브룩스는 스스로 몰락의 길을 걷는다. 즉 새로운 가치를 창조할 수 없는 노예 인간들이 고통과 절망에 빠졌을 때 어떤 선택을 하는지를 브룩스를 통해 잘 보여주는 것이다.

사실 세상에 적당히 길들여져서 살아가는 것이 꼭 나쁜 것만은 아닐 것이다. 대다수의 사람은 우리 사회에 심각한 문제가 있다는 것을 분명히 알고 있지만 적당히 길들여진 채 살아가고 있다. 문제는 내가 길들여진 채 그냥 그렇게 살아가고 싶다고 하여 평생 그렇게 살아갈 수 있는 게 아니라는 점이다. 우연이든 뭐든 세상은 날 그냥 내버려 두지 않는다. 회사에서 해고를 당하든, 가족에게서 버림을 받든, 갑작스러운 사고로 자녀가 죽어버리든, 어떠한 형태로든 나의 의지와는 상관없이 고통과 절망의 상황으로 빠져들 가능성은 언제나 존재한다. 이것은 피하고 싶다고 피해지는 문제가 아닌 것이다.

감옥 안에서 작은 희망이라도 보려는 앤디와 그 어떤 희망도 없다고 자포자기하는 레드. 이 둘은 똑같이 감옥 안에 갇혀 있는 죄수이지만 점점 차이가 벌어지게 되고, 나중에는 극복할 수 없는 큰 차이가 생겨나게 된다. 이렇듯 앤디가 보여주는 양상은 기존의 죄수들과는 상당히 다르다. 기존의 죄수들은 교도관들의 폭력에 철저하게 길들여져 그 어떤 희망도 품지 못한 채 살아가지만, 앤디는 그 안에서 희망을 도출해낸다. 맥주로 시작된 작은 희망은 도서관을 건립하는 등 점점 증폭되어 나간다. 그가 던진 그 희망의 씨앗은 동료 죄수들을 점점 변하게 만들어간다. 비록 감옥을 바꾸지는 못하겠지만 그 속에서 조금 더 나은 삶에 대한 희망을 엿보게 되는 것이다. 하지만 여기에도 분명한 한계가 존재한다. 다른 죄수들과 조금 다를 뿐, 앤디가 억울한 누명을 쓴 채 감옥에 들어와 지냈던 지난 시간 역시 적당히 감옥과 타협하며 지내온 시간으로 볼 수 있기 때문이다. 이러한 한계는 토미 윌리엄스(길 벨로스 분)의 입소 이후 여실히 드러난다.

토미는 절도죄로 2년 형을 선고받고 쇼생크로 들어온다. 토미는 새사람이 되기 위해 고등학교 검정고시를 치기로 결심하고 앤디는 이를 도와준다. 그러던 어느 날 앤디에게 극적인 변화가 생기게 된다. 토미에게 공부를 가르치는 도중 자신의 부인을 죽인 진짜 범인을 알게 되어, 무죄를 입증할 수 있는 기회가 생긴 것이다. 앤디는 교도소장에게 이 사실을 말하며 새롭게 재판받기를 요구하지만 교도소장은 앤디를 놓아줄 생각이 없다. 모든 세무 처리와 돈 세탁 등의 일을 해주던 그를 놓아주기도 싫고 자신의 최대 약점을 알고 있는 그를 놓아줄 수도 없는 상황이다. 이에 교도소장은 앤디를 두 달씩 독방에 가둬버리고 급기야 그 문제의 비밀을 알고 있는 토미를 죽이기에 이른다. 결국 앤디가 보여준 희망은 자신 주변의 몇몇 죄수에게는 영향을 줄 수는 있을지언정 콘크리트와 쇠창살로 이루어진 저 견고하고도 강인한 감옥의 속성 그 자체를 바꾸지는 못한 것이다.

하지만 자신의 무죄를 입증할 수 있는 기회가 생긴 이후에는 상황이 달라진다. 앤디는 자신을 풀어주지 않는 소장에게 항의하면서 더 이상 회계 일을 봐주지 않겠다고 말한다. 그러자 소장은 네가 만들어놓은 모든 것을 무너뜨리겠다고 협박한다. 수많은 죄수가 매일같이 널 강간할 것이고 넌 돌이킬 수 없는 끔찍한 상황에 놓일 것이라고 말이다. 앤디는 감옥에 머물 수도 나갈 수도 없는 절박한 상황으로 몰리게 된다. 감옥 안의 저급한 인간들은 앤디를 놓아줄 생각이 없다. 그들은 오로지 지독한 폭력만을 행사할 뿐이다. 앤디는 두 달 가까운 독방 생활 뒤에 레드에게 말한다.

"내가 가고 싶은 곳은 지후아타네호예요. 태평양에 접한 작은 마을이죠. 멕시코인이 태평양을 뭐라고 부르는지 알아요? 기억이 없다고 해요. 그곳에서 여생을 살고 싶어요. 아무 기억도 없는 따뜻한 곳…. 그곳은 멀리 있고 난 여기 있죠. 선택은 하나밖에 없어요. 바쁘게 살든가, 바쁘게 죽든가."

이제 앤디의 선택은 명료해졌다. 그간 준비해왔던 모든 계획을 실행하여 감옥에서 탈출하는 것이다. 그는 20년 가까운 세월 동안 조용히 탈옥을 준비했다. 작은 망치 하나에 의존해 어마어마한 굴을 판 것이다. 그렇다면 이러한 앤디의 행위는 어떻게 바라봐야 할까?

어디로도 도망갈 수 없는 완전한 절망에 빠져든 인간은 살아가기 위한 결단을 내려야 할 상황에 직면한다. 즉 어떻게 살아갈 것인지를 스스로 결정해야 한다는 것이다. 만약 앤디가 스스로 몰락을 선택하여 감옥에 길들여져 살아간다면 그가 보여준 수많은 희망은 의미를 잃게 될 것이다. 감옥에서의 하루하루는 지독한 지옥일 것이며 그 끝에 기다리고 있는 것이 무엇인지는 알 수 없지만 결코 아름답지는 않을 것이다. 하지만 브룩스의 선택과는 달리 앤디는 절대적 절망이 아닌 절대적 긍정의 상태를 바라본다. 앤디는 어떻게 살아야 할지를 스스로 결정하고 자신의 삶에 최대의 의미를 부여하는 길을 걷는다. 다시 말해 자신의 가치를 충만하게 하여 고통스러운 상황을 저주가 아닌 축복으로 거듭나게 하는 것이다. 이러한 고귀한 인간의 삶은 어떤 궁극적인 목표가 아니다. 오로지 끊임없이 자기 자신을 극복하는 과정만이 존재할 뿐이다. 이들은 지속적으로 진화하는 인간인 것이다.

감옥에서 탈출한다는 것은 단순히 자유를 얻는 것을 넘어 새로운 가치의 창조를 의미한다. 어차피 콘크리트와 쇠창살로 이루어진 감옥은 바뀌지 않는다. 감옥을 지배하는 도덕과 규범의 허구성을 폭로한다고 하더라도 많은 사람은 여전히 그 안에서 살아갈 테니 말이다. 그럼에도 앤디는 감옥에 입소한 그날부터 고귀한 삶을 위한 탈옥을 준비하였다. 하지만 준비를 하는 것과 실제로 실행에 옮기는 것은 완전히 다른 문제이다. 결단의 순간에 결단을 할 수 있다는 것, 그것은 엄청난 용기인 것이다. 결국 앤디는 그 어떤 쇠창살도 존재하지 않는 바다의 품으로 뛰어들어 무한한 자유를 얻게 된다.

마이너리티 리포트
나에게 자유의지가 있을까?

“당신은 미래를 알고 있으니

원한다면 미래를 바꿀 수 있어.

미래를 선택할 수 있지.

나처럼.”

2054년, 극도로 발전한 과학기술은 미래에 일어날 범죄를 예측할 뿐 아니라 범죄를 방지하는 수준에 이르게 된다. 이른바 범죄 예방 시스템이 개발된 것이다. 현재는 워싱턴에서만 행하고 있지만 관계자들은 전국적으로 확대하여 적용하기를 바라고 있으며, 이에 대한 찬반 투표도 곧 시행될 예정이다. 범죄 예방 시스템이 모든 범죄를 완벽하게 예방할 수 있는 것은 아니다. 살인과 같은 경력 범죄만을 예방할 수 있다. 하지만 여기에는 만만찮은 문제점도 존재한다. 즉 일어나지도 않은 사건을 미연에 방지하여 처벌하는 것이 옳은 것인지 그리고 예비 범죄자에게 다른 선택 가능성은 전혀 없는 것인지에 대한 의문이다. 이러한 의문은 주인공인 존 앤더튼(탐 크루즈 분)에 의해 던져진다.

존은 과거에 아들을 잃어버린 경험으로 인해 자식에 대한 그리움과 슬픔 그리고 죄책감에 사로잡힌 인물이다. 따라서 그에게 범죄 예방 시스템은 상당히 중요한 삶의 요소로 자리매김하게 된다. 더 이상 자기 같은 사람이 없기를 바라는 마음에서이다. 그러던 어느 날 범죄 예방 경고 알람이 울리고 존은 그 자료를 분석하던 중 놀라운 사실을 알게 된다. 살인자로 예고된 자가 바로 자신인 것이다. 이에 존은 자신을 잡으러 오는 자들을 피해 도망 다니면서 해답을 얻고자 한다. 과연 자신에게 다른 선택은 없는지, 정말로 자신의 운명은 완벽하게 결정되어 있는 것인지에 대해서 말이다.

그리스신화의 오이디푸스는 테베의 왕 라이오스와 이오카스테 사이에서 태어난 아들이다. 어느 날 라이오스는 아들이 자신을 죽일 것이라는 신탁을 받는다. 이에 그는 오이디푸스를 버린다. 버림받은 오이디푸스는 코린토스의 왕자로 자라나지만, 오이디푸스도 아버지를 죽이고 어머니와 결혼할 것이라는 신탁을 받게 된다. 이에 오이디푸스는 코린토스를 떠나게 되는데 그 길에서 그만 라이오스를 죽여버린다. 만약 라이오스가 자신의 아들과 관련된 신탁을 무시해버렸다면 이런 비극이 생겼을까? 더 나아가 오이디푸스 역시 마찬가지로 그 신탁을 무시하고 코린토스에 남아 있었다면 그는 자신의 아버지를 죽이고 어머니와 결혼을 하는 비극을 피할 수 있지 않았을까?

이 의문은 〈마이너리티 리포트〉에서도 반복된다. 범죄 예방 시스템은 세 명의 예언자들을 통해 이루어지며 이들은 마치 신탁을 내리듯 미래의 범죄를 예견한다. 실제로 일어날지는 아무도 모르지만 신탁을 받은 경찰들은 마치 예언이 일어나는 것이 당연한 일인 마냥 예비 범죄자들의 위치를 추적하여 체포한다. 그러나 법무성 감찰관인 대니 워트워(콜린 패럴 분)는 예언자들이 누워 있는 공간을 사원이라 지칭하며 사실상 예언자들은 꼭두각시에 불과하고 진짜 힘을 가진 존재는 그들을 조종하는 사제라고 지적한다. 이에 범죄 예방 시스템에서 일하는 경찰들은 수긍하는 듯한 모습을 보여준다. 자신들이 사람의 운명을 바꿀 수 있다는 점에서 경찰보다는 사제에 가깝다고 느끼는 것이다. 그들은 스스로를 사제라고 느끼며 예언자들의 신탁에 입각하여 미래의 일을 처단하고, 이러한 행동은 신성시된다.

신탁에 관한 이야기는 우리가 신탁에 의해 결정된 대로 살아가야 하는지 아니면 스스로의 자유의지를 통해 선택할 수 있는지에 대한 질문을 던진다. 이에 대한 대답은 크게 두 가지로 나뉜다. 첫째는 인간 행위 결정론으로, 선행 행위의 인과성에 의해 현재 선택할 수 있는 행위는 오직 하나뿐이라고 말한다. 이러한 결정론은 과학 실험에 의해서 많은 지지를 얻고 있다. 그중 가장 눈여겨볼 부분은 벤저민 리벳의 연구이다.

① 나는 일어나려고 생각한다.
② 뇌에서 다리를 향해 운동을 명령한다.

③ 나는 일어난다.

이 같은 일련의 행위를 보았을 때 우리는 흔히 ① → ② → ③의 순서로 사건이 발생할 것이라 생각한다. 하지만 리벳의 실험에 의하면 도리어 ② → ① → ③ 의 순서로 발생하며 ②는 ①보다 대략 0.5초 정도 앞서 나타난다. 이를 통해 알 수 있는 건 행동은 우리의 의지가 결정하기 이전에 뇌에서 이미 무의식적으로 결정되어 있다는 것이다. 둘째는 인간 행위 비결정론으로 인간의 행위는 앞선 사건에 의해 인과적으로 완벽하게 결정되어 있지 않다고 말한다. 예컨대 A라는 상황에서 어떤 사람이 B라는 행위를 했다고 했을 때 A와 똑같거나 유사한 상황에서 그 사람이 B와는 다른 C라는 행위를 행하게 된다면 결정론은 부정된다.

자유의지의 문제는 사실상 책임의 문제를 함축한다. 만약 결정론이 옳다면 자신이 결정할 수도 없는 문제에 책임을 묻는다는 것이 과연 옳은 것인가? 자신의 의지도 행하지 않은 일에 대해 어떻게 책임을 물을 수 있을까? 결국 결정론의 문제는 책임의 문제와 관련하여 실천적인 의미를 가지게 된다. 즉 어떤 이론을 따르든 행위자에게 도덕적 책임을 묻기 위해서 자유의지가 있어야 한다는 점에선 일치하는 것이다.[8]

8   안건훈, 《자유의지와 결정론》, 집문당, 2011, p.137.

강한 결정론은 인간 행위 결정론에 기반하여 자유의지를 부정한다. 이와 관련한 가장 오래된 주장은 데모크리토스를 비롯한 고대 그리스의 원자론자들에게서 시작되었다. 그들은 우주를 기계와 같이 여겼다. 모든 사건은 원자의 배열과 그것의 기계적인 운동에 불과하다고 보았으며, 정신 활동도 정신을 이루는 원자들의 기계적 운동에 의해 결정된다고 보았다. 따라서 우주에는 그 어떤 목적도 없으며 신성한 의지도 있을 수 없다. 현대에는 정신분석과 행동심리학 등 다양한 분야에 의해 강한 결정론이 지지되며 그중 정신분석계에서는 존 호스퍼스가 대표적 인물이다.[9] 그는 인간이 행하는 모든 행위는 자유의지에 의한 것이 아니라 인간이 제어할 수 없는 무의식에 의해 이루어진다고 주장한다. 이러한 관점에 의하면 자유의지는 존재하지 않으며 인간 행위에 대해 도덕적 책임을 물을 수도 없다. 따라서 일정한 행위에 대해 처벌을 하는 것은 도덕적 책임을 묻는 것이 아니라 보통 사람을 보호하기 위한 것에 불과하다. 결국 강한 결정론은 도덕적 책임과 양립이 불가능하다.

강한 결정론의 입장에서 〈마이너리티 리포트〉의 세계관을 바라본다면 상당한 모순점이 드러난다. 예비 범죄자들은 예언된 범죄 행위에서 결코 벗어날 수 없다고 판단하였기에 그들을 체포하여 책임을

9   안건훈, 《자유의지와 결정론》, 집문당, 2011, p.145.

묻는 것이다. 하지만 선택 가능성이 없는 사건에 대해서 자유를 완전히 박탈시키는 형벌에 처한다는 것은 모순이다. 책임은 선택 가능성에서 도출된다. 따라서 애시당초 선택 가능성이 없는 일에 대해서 무한 책임을 묻는다는 것은 폭력과 다름이 없다. 예비 범죄자가 범죄를 저지를 수밖에 없도록 결정되어 있다면 그리고 그것을 막을 수 있는 과학기술도 있다면 완화된 처벌을 행할 수도 있겠지만 〈마이너리티 리포트〉의 세계관은 그들에게 강한 책임을 부과해버린다.

이는 시스템에는 그 어떤 오류도 없으며 예비 범죄자들은 무조건 살인을 저지른다는 확신에서 나오는 것이다. 그러나 존 앤더튼은 자신이 살인을 저지를 것이라는 예언이 발생했을 때 이를 거부한다. 시스템에 대해서는 의심하지 않지만 자신은 그러지 않을 것이라는 강한 확신에 도리어 자신이 함정에 빠졌다고 생각한다. 이러한 존의 태도는 스스로 범죄 예방 시스템을 부정하는 것에 불과하다. 그는 자신이 살인을 저지르지 않을 것이라고 굳게 믿고 있으며, 자신이 살인을 하지 않을 것이기에 처벌받는 것이 불합리하다고 느끼는 것이다. 하지만 이러한 논리는 다른 예비 범죄자들에게도 똑같이 적용할 수 있다. 그들도 자신이 행하지 않은 일에 대해서 처벌받는 것에 강한 거부감을 드러냈으니 말이다.

한편 자유의지론에 따르면 인간은 어떤 상황에서 어떠한 행위를 선택할지에 대해서 고민할 수 있으며 고민할 수 있다는 사실만으로 선택은 자유로워진다. 자유의지론은 행위자 원인론(agent causation)을 통해서도 확인할 수 있다.[10] 이에 의하면 자유로운 인간은 언제든지 기존의 인과관계를 끊어 새로운 인과를 시작할 수 있다. 예컨대 군대에서 내가 상당히 부당한 일을 당했다고 해보자. 사실 그 일은 앞선 수많은 사람을 거쳐 나에게까지 전해져온 것이다. 이때 만약 내가 그 일을 앞선 사람들과 똑같이 반복해버린다면 수많은 원인과 결과의 일원이 되어 함몰해버릴 것이다. 하지만 내가 그것을 거부한다면 그 순간 앞선 인과의 연쇄는 흐름이 끊기며, 나의 후임은 더 이상 부당한 일을 행하지 않을 것이다. 즉 나의 선택을 기준으로 한 새로운 인과관계가 시작한다는 것이다.

이러한 결단은 존 앤더튼에 의해서 잘 드러난다. 그는 자신이 저지를 것이라고 예견된 미래 범죄의 무죄를 입증하기 위해서 범죄 예방 시스템의 설계자를 찾아간다. 존은 시스템에 대한 믿음을 버리지 못한 채 예언을 변조하는 것이 가능한지 묻는다. 설계자는 존에게 예언은 피할 수 없으며 상황이 그를 살인할 수밖에 없도록 몰아갈 것이라고 말한다. 예언은 틀린 적이 없다고 말이다. 하지만 설계자는 하나의 가능성을 제시한다. 예언자는 총 세 명인데 의견이 엇갈릴 때가 있다는 것이다. 이른바 소수의견의 존재 가능성이다. 소수의견의 존재 가능성은 인간의 선택 가능성을 내포한다. 비록 이미 결정되어

<hr>

10   최용철, 《자유의지와 결정론의 철학적 논쟁》, 간디서원, 2004, p.33.

있는 두 가지의 선택지에 불과할지언정 최소한 살인은 안 할 수도 있다는 가능성이다.

하지만 시스템에 이러한 한계가 있다는 점을 인정한다면 시스템의 효율성에 문제가 생기기에 이를 숨긴 것이다. 소수의견의 존재 가능성은 무고한 사람들을 처벌했다는 시스템에 대한 비난 가능성으로 이어진다. 예비 범죄자들은 무조건 살인을 저지른다는 믿음으로 처벌해왔던 것인데, 만약 다른 선택 가능성이 존재한다면 그 처벌은 완전한 잘못이 되기 때문이다. 존은 큰 충격에 빠지지만 일단 본인이 살아야 하기에 수사국으로 잠입해 최고의 예언자인 아가사(서맨사 모턴 분)를 데리고 나오는 데 성공한다. 그리고 아가사의 뇌를 해킹하여 소수의견을 찾으려 하지만 존의 소수의견은 존재하지 않았다.

수사국 경찰이 포위망을 좁히자 아가사는 앞으로 닥쳐올 사소한 모든 일을 완벽하게 예언하여 존을 도와준다. 탈출에 성공한 존은 우연히 자신이 범죄를 저지를 것이라 예언된 장소를 발견하게 되어 그곳으로 향한다. 예언된 방으로 가보니 아들의 흔적이 가득하다. 심지어 예견된 피해자는 자신이 존의 아들을 납치하여 죽였다고 주장하기에 이른다. 존은 그를 죽이고 싶은 강한 분노에 휩싸이지만 아가사는 그에게 여전히 선택 가능성이 있다고 이야기한다. 결국 존은 분노를 가라앉히고 살해 예정 시간을 넘기는 데 성공한다. 즉 스스로 선택을 한 것이다. 이 선택은 소수의견의 존재 여부와 완전히 별개로 이루어진 것이다.

이때 예견된 피해자는 자신이 사주를 받았다고 주장하며, 존이 자신을 죽여야만 대가를 받을 수 있으므로 죽여달라고 말한다. 놀라운 사실을 듣게 된 존은 그에게서 사주한 사람의 정보를 알아내려고 한다. 하지만 실랑이 과정에서 예견된 피해자는 죽고 만다. 그런데 그의 죽음은 예언된 그대로 똑같이 재현되어 이루어진다. 존은 분명 스스로 결단하여 예언된 사건을 막는 데 성공했지만 궁극적인 죽음은 그대로 이루어진 것이다. 마치 한편으론 자유의지가 있는 듯하지만 다른 한편으론 피할 수 없는 결정된 운명이 도사리는 듯하다. 이는 아가사의 전능한 능력을 통해서도 확인이 가능하다. 이러한 상황은 자유의지와 결정론의 양립 가능성에 대한 논의로 나아가게 한다.

약한 결정론은 결정론과 자유의지 양쪽 모두의 필요성을 주장한다. 즉 강한 결정론의 도덕적 책임에 대한 문제점을 해결하기 위해 양립 가능론을 제시하는 것이다. 약한 결정론은 외부의 영향력에 의해 강제로 행하는 행동과 자유의지로 행하는 행동으로 나누어, 자유의지로 행해지는 경우에는 도덕적 책임을 물을 수 있는 발판을 마련한다. 현대 논리 실증주의자인 슐리크는 자유의지는 결정론과 대립하는 것이 아니라, 강제와 대립하는 것으로 바라본다. 즉 자유의지의 문제는 내가 '강제로 한 것인가, 아닌가'에 달려 있다고 보는 것이다. 예컨대 내가 길을 가다가 갑자기 차가 튀어나와 사고를 당했다고 해보자. 이 사고는 자유의지에 의한 것일까? 이는 누가 보더라도 그냥 사고에 불과하다. 하지만 그 사고 역시 수많은 사건이 연쇄적으로 발생하였기에 벌어진 것이다. 운전자가 5분만 늦게 나왔더라도, 내가 담배를 한 대 피우기만 했더라도 피할 수 있는 사건이다. 이런 것은 자유의지에 의한 것이 아닌 강제로 행해진 것에 불과하다. 하지만 군대에서 겪은 부당한 일을 반복하는 것은 내 스스로 결정할 수 있는 일이다. 그냥 급작스럽게 다가온 문제가 아니라는 것이다.

약한 결정론에 따르면 자유의지는 분명히 존재하므로 도덕적 책임을 물을 수 있게 되며, 그에게 묻는 책임은 다음 행동의 변화 가능성을 가져온다. 예컨대 도둑질을 할 것인가 말 것인가는 전형적인 자유의지에 의한 선택의 문제이다. 이때 사회가 '잘못된 선택을 할 경우에는 처벌하겠다'고 선언한다면 사람들은 도둑질을 하지 않겠다는 선택을 할 것이다. 즉 도덕적 책임이 다음 행동을 변화시킨 것이다. 따라서 처벌은 사회를 유지하기 위한 최소한을 벗어나지 않도록 하기 위한 교육과 동기 유발 효과를 가진다.

존은 앞서 본 바와 같이 예언된 삶에서 벗어나 새로운 결단을 내리는 데 성공한다. 그럼에도 불구하고 예견된 피해자의 죽음은 예언된 그대로 똑같이 이루어졌다. 하지만 그 죽음을 놓고 존에게 비난을 가할 수는 없다. 그건 사고였기 때문이다. 약한 결정론에 따르면 외부의 영향력이나 힘에 의해서 어쩔 수 없이 벌어진 사건에 대해서는 비난을 할 수 없다. 비록 결정된 것일지언정 책임을 물을 수는 없는 것이다. 하지만 그럼에도 불구하고 시스템을 믿는 수사국의 경찰들은 존을 체포한다.

이때 법무성 감찰관인 워트워는 놀라운 진실을 밝혀낸다. 아가사 어머니의 죽음이 조작된 것 같다는 사실이다. 시스템의 맹점을 이용하여 아가사의 어머니를 살해하도록 사주한 다음, 예언을 통해 막아낸다. 그 뒤 똑같은 환경과 시간을 이용하여 다시금 살해하는 것이다. 시스템은 이때도 예언을 하지만 사람들은 앞선 사건의 잔영으로 판단하여 이를 무시해버린다. 그리고 이 모든 사건을 조작한 인물은 범죄 예방 수사국의 총장인 라마 버제스(막스 폰 시도 분)이다. 그는 아가사가 없이는 돌아갈 수 없는 시스템을 지키기 위해 아가사의 어머니를 살해한 것이었다. 그런데 이 사실을 존에게 들킬 위험에 처하자 존을 함정으로 몰아넣어 버리고, 완전한 진실을 알아낸 워트워를 죽이게 된다. 존은 탈출하여 버제스의 죄를 폭로하는데 이때 또 다른 죽음이 예언된다. 예비 범죄자는 라마 버제스, 예견된 피해자는 존 앤더튼이다. 그들이 나누는 대화는 실시간으로 예언된다. 하지만 존은 버제스에게 이야기한다. 그에게도 선택 가능성이 있다고 말이다. 이때 버제스도 선택을 한다. 그의 선택은 바로 자살이다.

이 작품은 인간의 자유의지와 선택 가능성에 대해서 옹호한다. 〈마이너리티 리포트〉가 존재하든 말든 인간은 스스로 선택할 수 있었다. 하지만 그렇다고 예언 시스템이 완벽하게 틀린 것은 아니다.

분명 예언된 상황은 그대로 이루어지며 결과만 약간 다를 뿐이다. 버제스의 살인 예언도 결과만 달랐을 뿐 상황 자체는 완벽하게 예언된 대로 이루어졌다. 이는 곧 결정론과 자유의지는 적당한 선에서 타협하여 공존할 수 있음을 의미한다.

뱀파이어와의 인터뷰
인간이 느끼는 불안과 절망

"죽어가고 있어.

내게 마지막 남은 인간성이….

날 아프게 만들지 마."

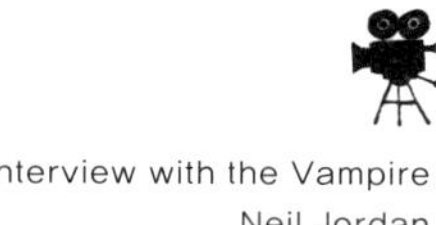

루이(브래드 피트 분)는 무엇 하나 부족한 것이 없는 사람이었다. 거대한 농장과 수많은 노예를 소유한 지주이며 아름다운 아내와 함께 행복한 가정까지 꿈꾸고 있는, 정말 모든 걸 다 가진 사람이었다. 하지만 어느 날 그의 아내는 아이를 낳다가 그만 죽게 된다. 모든 걸 다 가진 듯한 행복의 순간에 다가온 아내와 아이의 죽음은 그에게 감당하기 힘든 절망감을 안겨준다. 그는 너무 큰 슬픔과 고통에 휩싸여 자기 자신을 포기한 채 오로지 죽기 위해 살아가게 된다. 즉 심각한 절망으로 빠져든 것이다. 그때 그는 죽음을 초대한다. 루이를 뱀파이어로 만들기 위해 찾아온 레스타트(톰 크루즈 분)는 그에게 영원한 삶과 쾌락을 제시한다. 뱀파이어가 되면 고통은 사라지고 영원히 쾌락을 누리며 살 수 있다는 것이다. 이에 루이는 고통과 절망에서 벗어나기 위해 뱀파이어가 되기로 결심한다.

키르케고르는 인간의 삶이 불안과 절망에 휩싸여 있다고 말했다. 이는 현대인의 삶을 살펴보더라도 어렵지 않게 확인할 수 있는 부분이다. 언제 직장에서 해고될지 모른다는 불안, 언제 내 건강이 망가질지 모른다는 불안, 남들이 요구하는 삶의 기준을 맞추지 못할 것 같다는 불안, 성공하지 못할 것 같다는 불안 등. 불안에 휩싸이는 사람은 대부분 그 불안을 외부적 조건을 통해 해결하려는 경우가 많다. 예컨대 성공적인 삶을 얻지 못할 것 같다면 남들이 성공적인 삶이라고 생각하는 기준보다 더 높은 곳으로 올라가 불안에서 벗어나려고 하는 것이다. 하지만 이러한 태도는 궁극적인 문제의 해결책이 될 수 없으며 오히려 더 큰 절망만을 불러오기 십상이다. 키르케고르는 이렇듯 외부적 조건에 의해서 삶이 좌우되는 것을 유한성·필연성이라고 불렀다. 한편 인간은 불안에서 벗어나기 위해 공상적이고 망상적인 것으로 회피하기도 한다. 예컨대 고대 이집트에서 피라미드를 건설했던 자들을 보자. 그들은 현세의 모든 문제가 해결될 수 있는 내세의 삶을 위해 개개인의 삶을 소모한다. 현실에서 충분히 행복해질 수 있는 길이 있지만 그들은 그 길을 외면한 채 내세만을 바라보며 거대한 무덤을 짓는 데 일생을 바쳤던 것이다. 이는 절대적인 것을 통해 삶의 문제를 해결하고자 하는 소망으로, 이를 무한성·가능성이라고 부른다.

자신은 자기 자신과 관계하는 무한성과 유한성의 의식적 종합
이며, 자신의 과제는 자신이 되는 것이다. 그런데 이것은 오직 신과
의 관계를 통해서만 수행될 수 있다. 자신이 된다는 것은 구체적으
로 된다는 것이다. 그러나 구체적으로 된다는 것은 유한적으로 되
는 것도 아니고 무한적으로 되는 것도 아니다. 왜냐하면 구체적으
로 된다는 것은 실로 하나의 종합이기 때문이다.[11]

인간은 무한성과 유한성의 종합이며 종합을 행할 수 있는 자유의
지를 가지고 있다. 하지만 인간은 종합을 제대로 수행하지 못하였기
에 커다란 절망감을 느끼게 되었다. 대부분의 사람은 유한성이나 무
한성 한쪽에 사로잡힌 모습을 보여준다. 유한성에 사로잡혀 오로지
세속적인 부와 명예만을 위해서 살아가거나 무한성에 사로잡혀 망
상과 공상 속으로 빠져든다. 이들은 모두 자신으로서 종합에 실패
한 인간이다. 즉 진정으로 자기 자신이 되려고 하지 않는 자들인 것
이다. 예컨대 돈을 많이 버는 것에서 삶의 의미를 찾으려는 사람은
유한성의 절망에 빠져들게 된다. 그는 진정으로 자기 자신이 되려
하지 않고 돈을 통해서 허구적인 자기로 남으려 했기 때문이다. 반
면 대중매체에서는 가끔 기부 행위에 중독되어 자신과 가족을 돌보
지 않는 사람들의 이야기를 전해주곤 한다. 이들은 인류애 같은 추

11   키르케고르, 《죽음에 이르는 병》, 임규정 옮김, 한길사, 2007, p.84.

상적 가치에 함몰되어 자신의 눈앞에서 살아가는 현실의 가족을 외면한다. 이런 경우 대부분 그의 가족들의 삶은 황폐해져 심각한 절망에 빠지게 되는데 이는 무한성의 절망에 빠져든 대표적인 예이다.

루이가 느낀 절망은 유한성에 점철된 삶에서 오는 한계이다. 루이는 거대한 농장을 소유하고 있으며 수많은 노예를 부리고 있는 지주이지만 그의 삶은 완벽하지 않다. 그의 삶을 이루고 있는 모든 것은 일시적이고 찰나적인 것으로 유한성의 한계에 잡혀 있는 것이다. 이런 루이에게 우연히 다가온 부인과 아이의 죽음은 큰 절망을 안겨준다. 아내의 죽음은 자신이 어떻게 제어할 수 없는 외부적 사건으로 막고 싶다고 막을 수 있는 것이 아니다. 이러한 유한성의 절망은 인간으로 하여금 자신의 존재와 실존에 대한 의문으로 나아가게 한다. 내가 뭘 잘못했기에 이런 고통을 느껴야 하는지에 대한 의문이 생기는 것이다. 그때 루이에게 다가오는 달콤한 유혹은 도피이다. 지금의 나에게서 벗어나 영원한 삶으로 도망간다면 그곳에서는 고통이 없을 것이라고 판단한 것이다. 하지만 키르케고르에 의하면 이러한 도피는 죄를 짓는 것에 불과하다. 절망의 앞에서 스스로 자신을 종합하지 않은 채 또 다른 곳으로 도망간 것이기 때문이다.

루이는 뱀파이어가 될 때 레스타트에게 죽기 직전까지 피를 먹힌다. 그 상태에서 레스타트는 루이에게 선택을 강요한다. 그대로 죽을지 아니면 뱀파이어가 될지. 그는 삶에 대한 지독한 욕망에 휩싸여 뱀파이어가 되는 것을 선택한다. 뱀파이어는 충동과 감정에 휩싸인 채 행동하고 살아간다. 오직 자신의 취향에 따른 감각적 쾌락만을 위해서 살아가며, 쾌락을 자제하기 위한 그 어떤 도덕 규칙도 뱀파이어에게는 의미가 없다.[12] 레스타트의 취향은 단순하다. 어린 여성이나 돈 많고 잘생긴 청년, 특히 상류층 인사와 귀족들을 사냥하면서 쾌락과 충동만을 위해 살아간다. 하지만 루이는 자신의 삶을 위해 타인의 죽음을 불러올 수밖에 없는 뱀파이어의 운명에 큰 죄책감을 느낀다. 그리고 죄책감은 가슴속에 존재에 대한 의문을 남겨 끊임없이 방황하게 만든다.

어느 날 루이는 클라우디아(커스틴 던스트 분)를 만난다. 병으로 죽은 엄마의 시체를 끌어안은 채 죽어가던 클라우디아를 보았을 때 루이는 아이의 심장 소리에 흥분하여 클라우디아의 피를 빨게 된다. 어린아이인 클라우디아를 뱀파이어로 만든 이후 셋은 가족을 이루어 함께 다닌다. 그런데 클라우디아는 레스타트보다 더 지독한 충동과 쾌락의 삶을 지향한다. 마음껏 사냥하고 그 어떤 죄의식도 느끼지 않는다. 어린아이인 그녀는 자신의 몸처럼 순수한 본능에 휩싸인 것이다. 하지만 영원한 삶을 살아가는 뱀파이어의 몸은 그녀가 성장하는 것을 허락하지 않는다. 오랜 세월을 존재하고 있지만 그녀의 몸

---

12   새뮤얼 이녹 스텀프 · 제임스 피저, 《소크라테스에서 포스트모더니즘까지》, 이광래 옮김, 열린책
      들 초판 10쇄, p.547.

은 여전히 어린아이다. 이에 클라우디아는 자신의 육체에 대한 경멸과 분노로 빠져든다. 더욱이 그녀는 뱀파이어가 된다는 것에 어떤 의미가 있는지도 모르고 뱀파이어가 되어버렸다. 이는 그녀에게 주어진 필연성이다. 마치 인간이 태어날 때 자신의 부모와 얼굴, 키, 지능 따위를 선택할 수 없듯이, 그녀 역시 자신이 선택하지 않았음에도 뱀파이어가 되어 있었던 것이다.

키르케고르는 절망과 불안은 서로 보완하는 관계로서 인간이 절망에 빠져들었기에 불안을 느끼게 된다고 말했다. 즉, 불안은 자유의 가능성에서 비롯된 것이다. 낙원에서 안락한 삶을 살아가던 아담에게는 사과를 따 먹지 말라는 금기가 존재했다. 이러한 금기는 아담에게 자유의 가능성을 일깨운다. 하지 말라고 하기에 할 수 있는 자유의 가능성을 느낀 것이었다. 따라서 금기를 두려워하면서 다른 한편으론 금기를 어길 수 있는 가능성에 매혹된다.[13] 키르케고르는 두려움과 불안을 엄격히 구분한다. 예컨대 한 남자가 고층 빌딩의 가장자리에 서 있다고 해보자. 이때 남자는 강풍이 불어 떨어지거나, 누가 뒤에서 밀어 떨어질까 봐 두려워한다. 이 두려움은 외부로부터의 알 수 없는 위협에 대한 걱정이다. 반면 불안은 나 자신이 스스로 뛰어내릴 것을 선택할 수 있는 가능성에서 발생한다. 이러한 불안을

---

13   키르케고르, 《불안의 개념》, 임규정 옮김, 한길사, 2006, p.164~166.

현기증이라 말한다. 즉 고층 빌딩에 서 있을 때 느끼는 현기증은 내가 뛰어내릴 것을 선택할 수 있는 가능성에서 비롯된 것이다.

선택 가능성에서 비롯된 현기증은 일상생활에서 흔히 찾아볼 수 있다. 어떤 일을 선택하는 것이 더 중요한 것인지, 지금 나의 선택이 어떤 결과를 가져올지, 우리는 끊임없는 선택의 가능성 앞에 놓여 있다. 그리고 선택의 가능성 앞에서 현기증을 느낀다. 우스갯소리로 쉽게 선택하지 못하는 사람을 가리켜 결정 장애자라고도 부르는데, 이 또한 가능성의 현기증 앞에서 선택을 하지 못하는 것이다. 이는 선택의 결과가 어떠할지 알 수 없기 때문에 생기는 현상이다. 아담은 사과를 따 먹을 수 있지만 그것을 따 먹었을 때 어떤 문제가 생기는지 알지 못하기에, 그 가능성 앞에서 불안함을 느끼며 불안의 대상이 무엇인지도 이해하지 못한다. 따라서 불안은 무(無)일 수밖에 없다. 앞으로 무슨 일이 일어날지 아무것도 알 수 없는 무에서 인간은 실존적 불안을 느끼는 것이다. 그래서 사람들은 그 현기증에서 벗어나기 위해 더 큰 쾌락(유한성)에 집착하며 도망치기를 원한다.

불안과 절망은 인간으로 하여금 새로운 세계로 나아갈 수 있는 가능성을 제시한다. 불안은 모든 인간이 겪어야 하는 본래적인 것이다. 만약 인간이 동물이나 천사라면 불안을 느끼지 않을지도 모른다. 하지만 인간은 자유로운 존재이기에 불안을 느낄 수밖에 없으며, 더 깊은 불안을 느낄수록 인간은 더욱 위대해진다.[14] 불안은 진정한 자기 자신으로 나아갈 수 있는 가능성인 것이다. 하지만 그렇기에 뱀파이어의 숙명은 비극적이다. 클라우디아는 변하지 않는 자신의 신체에 대한 심각한 절망으로 빠져든 상태이다. 그녀가 느끼는 절망은 유한성의 절망으로, 더 큰 쾌락을 누리고 싶지만 그러지 못하기에 나타난 것이다. 그녀의 절망은 너무나 깊고 거대하여 새로운 자신으로 나아갈 가능성도 더 커진다. 하지만 그녀는 이를 거부하고 자기기만으로 나아간다. 영원한 삶 속에서 '더 이상 선택할 필요가 없는 쾌락'만을 추구하는 존재가 되길 원하는 것이다. 클라우디아의 분노는 더 큰 쾌락을 누리지 못하는 자신의 어린 육체에 대한 경멸이다. 성장하여 어른이 될 수 있다면 섹스를 하면서 새로운 쾌락을 느낄 수 있을 텐데 그럴 수 없어서 화가 난 것이다. 결국 그녀는 진정한 자신으로 나아갈 수 있는 선택의 가능성을 외면하고 쾌락(유한성)에만 집착하게 된다.

어쩌면 뱀파이어들은 감각적 쾌락과 무한한 삶으로 도피할 수밖에 없을지도 모른다. 이미 영원한 삶을 살아가는 그들에게 유한성을 인식한다는 것은 실로 엄청나게 어려운 일이기 때문이다. 하지만 영원한 삶을 가진 듯한 뱀파이어 역시 유한한 삶에 갇혀 있다. 그들에게도 현기증을 통한 자살의 가능성은 상존하는 것이고 심지어 자신의 의지와는 상관없이 죽을 수 있는 가능성도 있기 때문이다. 다만 애써 그것을 외면할 뿐이다. 클라우디아는 변하지 않는 자신에 대한

14   키르케고르, 《불안의 개념》, 임규정 옮김, 한길사, 2006, p.395.

분노를 레스타트에게 쏟아낸다. 결국 극심한 분노를 이기지 못한 클라우디아는 레스타트를 죽여버리고 루이와 함께 도망치듯 파리로 이주한다. 레스타트의 죽음은 뱀파이어가 가지고 있는 비극적 숙명을 잘 보여준다. 즉 영원한 삶은 착각에 불과한 것으로 결국 그들도 유한한 존재인 것이다.

루이는 뱀파이어의 삶을 살아가며 지속적으로 자신의 존재 근원에 대해 의문을 가진다. 언제까지 쾌락만 추구하는 삶을 살아야 하는 것인지, 진정한 자기 자신이란 과연 무엇인지 불안해한다. 이 불안은 죽음으로는 해결할 수 없는 것이다. 뱀파이어의 삶을 포기한 채 자살한다 한들 그의 정신에 깃든 절망은 여전히 해결되지 않았기 때문이다. 결국 루이는 뱀파이어의 기원과 끝을 이야기해줄 수 있는 또 다른 뱀파이어를 찾아 헤매다 우연히 파리에서 한 뱀파이어 집단을 만난다. 그들은 단체로 모여 극장을 운영하며 살아간다. 연극을 하는 척하며 사람을 잡아먹으면서 살아가는 것이다. 더욱이 그들은 살아 있는 사람을 사육하기도 한다. 그 집단의 지도자인 알망드 (안토니오 반데라스 분)는 뱀파이어의 기원과 삶에 대한 정답을 알고 있는 듯하다. 알망드는 해답을 갈구하는 루이에게 선과 악이란 존재하지 않으며, 오직 신체에 깃든 느낌, 쾌락, 고통만이 확실하게 존재하는 것이라 말한다.

사실 유한성에 갇혀 산다는 측면에서 뱀파이어는 인간과 다를 것이 없을 것 같지만 뱀파이어에게는 그것이 더욱 크게 다가온다. 뱀파이어는 영원한 삶이라는 착각 속에 갇힌 채 유한성의 삶을 살기 때문이다. 더욱이 뱀파이어는 자신의 존재의 한계 때문에 자기를 새롭게 정립할 수 있는 가능성도 상당히 낮다. 그렇기에 영원한 삶을 영원한 불안 속에서 살아가야 하는 것이다. 더욱이 선과 악에 대한 인식은 영혼과 육체, 무한성과 유한성에 대한 인식을 의미한다. 그러나 선과 악이란 존재하지 않는다는 알망드의 말은 영혼과 육체, 무한성과 유한성에 대한 인식 그 자체가 사라져버렸음을 의미한다. 알망드는 400년 가까운 시간을 존재하면서 쾌락과 충동 이외에 다른 삶의 측면에 대해서 완벽하게 잊어버린 것이다.

알망드가 거느리는 집단에 의해 클라우디아가 죽게 되면서 루이가 가지고 있던 존재에 대한 의문이 의식 밖으로 드러나게 된다. 알망드 집단은 뱀파이어가 일족을 살해하는 것을 금기시하는데, 클라우디아가 레스타트를 살해한 것을 알게 되어 그녀를 잡아 처형해버린 것이다. 루이는 과거 부인의 죽음에서 벗어나고자 뱀파이어가 되었지만 클라우디아의 죽음을 통해 다시금 가족의 죽음이라는 극심한 고통을 경험한다. 두 번의 절대적 절망 앞에서 그는 자신의 존재의 불안을 더욱 강하게 느낀다. 이때 루이는 깨닫는다. 악의 근원은 어느 무엇도 아닌 선택할 수 없는 자신의 숙명 그 자체라는 점을 말이다. 결국 쾌락과 충동만을 위해 살아가는 자신을 악이라고 칭할

수 있다는 것은 그 외에 다른 삶도 존재할 수 있음을 인식한다는 것
을 의미한다.

불안은 자유의 가능성이다. 이러한 불안만이, 신앙의 도움을 입
음으로써 절대적으로 교육적이다. 왜냐하면 그것은 모든 유한한 목
적을 소멸시키며 또 유한한 목적의 모든 속임수를 폭로하기 때문이
다. … 불안에 의해 교육을 받는 사람은 누구나 다 가능성에 의해
교육을 받는 것이며, 오로지 가능성에 의해 교육을 받는 사람만이
자신의 무한성에 따라서 교육을 받는 것이다. 그렇기 때문에 가능성
은 모든 범주 중에서 가장 무거운 것이다.[15]

인간에게 불안은 가장 강력한 교육 수단이다. 불안을 제대로 교육
받은 자는 불안의 원인이 유한성과 무한성에 대한 집착에 있음을 깨
닫게 된다. 현대인이 끊임없이 불안한 이유는 부, 쾌락, 명성 따위에
집착하기 때문이다. 유한성에 집착하는 것은 자기 자신을 제대로 정
립하지 못하였다는 것을 의미하며, 이러한 집착에서 불안이 싹튼다.
따라서 불안은 인간으로 하여금 자기 자신이 잘못 정립되었다는 것
을 지속적으로 알려주어, 진정한 구원으로 나아갈 수 있도록 자극한
다. 결국 인간은 불안을 느끼면 느낄수록 위대해진다.

15　키르케고르, 《불안의 개념》, 임규정 옮김, 한길사, 2006, p.397.

　루이는 클라우디아의 죽음에 분노하여 파리에 있는 뱀파이어를 모조리 학살해버린다. 그 후 알망드를 만나게 되는데 그때 서로 나누는 대화가 인상적이다. 알망드는 뱀파이어란 강하며 아름답고 후회가 없는 존재라며 루이에게 고통을 벗어던지라고 말한다. 하지만 그런 말은 루이에겐 그저 우습게 들릴 뿐이다. 루이에겐 이 모든 것이 고통이다. 가장 가까운 가족과도 같았던 클라우디아의 죽음에서부터 자기 자신의 존재에 이르기까지 일련의 모든 과정이 고통으로 다가온다. 고통을 느낄 수 있다는 건 절망하고 있다는 것이며 이는 바로 자신이 존재한다는 증거이다. 알망드에겐 그런 고통이 존재하지 않는다. 자신의 동료들이 모조리 죽었음에도 감정을 느끼지 못한다. 고통이 없다는 건 자기에 대한 의식조차 없다는 것이고 그에게 남은 건 지독하게 단순한 동물과 같은 생존 욕구뿐이다. 그렇기에 알망드는 이미 완벽하게 정신이 죽어버린 진정한 시체일 뿐이다. 그는 더 이상 존재하지 않는 자인 것이다. 알망드는 자신이 무언가를 아는 것처럼 행동했지만 도리어 그는 루이를 통해서 존재할 수 있는 힘을 얻기 바랐을 뿐이었다.

　파리를 떠나 다시 미국으로 온 루이는 문명이 바뀌는 것을 온몸으로 경험한다. 영화의 발전을 통해 다시금 빛을 맞이하고 그 안에서 다양한 삶의 형태를 목도한다. 그러다 어느 날 우연히 레스타트를 다시 만난다. 그는 뱀과 악어의 피를 빨아 먹으며 간신히 살아남았던 것이다. 하지만 아름다웠던 레스타트는 폐인이 돼버렸다. 전등 빛을 두려워하고 밖에서 살아가는 걸 두려워한다. 그는 사회에 적응을 하지 못한 채 루이에게 간절히 애원한다. 자신을 돌봐달라고 말이다. 레스타트와 알망드의 몰락은 유한성에 갇힌 인간의 한계이자 쾌락과 충동만을 바라보고 살아가는 존재의 한계이다. 이는 변화하는 세상 앞에서 스스로를 자유의 가능성으로 내던진 적이 없기에 생겨난 숙명이다. 그렇다고 그들에게 정신이 없는 것은 아니기에 쾌락과 충동만을 바랄 때마다 막연한 두려움에 휩싸이게 된다. 이에 이들은 루이에게 집착한다. 그들은 루이가 고민하고 불안에 휩싸일 때마다 그를 비웃지만, 불안과 절망에 휩싸인 루이의 모습을 통해서 진정으로 살아 있는 존재성을 느끼는 것이다.

극의 마지막에 이르면 루이는 기자에게 자신을 '죽을 수 없는 몸으로 고립되어 변하지 않고 사는 공허한 존재'라고 평가한다. 루이는 기나긴 삶 속에서 불안과 절망을 느끼고, 그 안에서 자신의 실존을 지속적으로 탐색하며 살아온 존재이다. 하지만 그럼에도 뱀파이어의 한계로 인해 그는 고립되고 변할 수 없기에 궁극적인 공허를 느끼게 된 것이다. 이 지점에서 루이가 인터뷰한 이유를 알 수 있게 된다. 자신과 같이 쾌락에 사로잡힌 공허한 존재가 되지 말라고 사람들에게 알려주기 위해서이다. 영원한 쾌락을 추구하는 삶은 궁극적으로 자신을 부정적으로 몰아가 스스로 존재할 수 없게 만든다.

뱀파이어가 영원한 삶을 감내할 수 있었다면 우리 주변에도 상당히 많은 뱀파이어가 존재해야 할 테지만 그들은 몇백 년도 못 버틴 채 스스로 몰락해버린다.

현대인은 부와 명예를 통해 영원한 쾌락을 누릴 수 있을 것처럼 행동한다. 그리고 지금 가지고 있는 부와 명예가 죽을 때까지 영원히 지속될 것이라 착각하며 살아간다. 하지만 이러한 것은 일시적이고 유동적이다. 언제 어떻게 바뀔지 모르는 나의 외부적 요소인 것이다. 나의 존재를 이러한 외부적 요소에 맡긴다는 것은 그 자체로서 불행하다. 인간은 이러한 한계를 막연하게나마 느끼고 있기에 불안과 절망을 느끼는 것이다. 이 작품에서 루이는 자신이 악하다고 생각하기 때문에 불안을 느끼게 되고, 이 때문에 악의 근원을 묻는다. 하지만 그 악의 근원에 대한 질문은 대단히 공허할 수밖에 없다. 존재자라는 것은 무엇에 의해 존재한다기보다는 끊임없이 자신을 미래로 내던지는 과정 속에서 스스로 존재성을 찾아가는 것이기 때문이다.

타인의 삶

지옥이 되어버린 타인이라는 감옥

"당신은 저를 모르겠지만

저는 당신을 잘 알고 있어요.

전 당신의 관객이거든요."

〈타인의 삶〉은 베를린 장벽이 무너지기 5년 전인 1984년의 동독을 배경으로 한다. 당시 동독의 슈타지(비밀경찰)는 의심스러운 모든 국민을 비밀리에 감시했다. 비밀경찰인 비슬러(울리히 뮈흐 분)는 경찰학교에서 학생들을 가르치며 반사회인사들을 도청하고 고문하여 자백을 얻는 인물이다. 그는 자신의 임무에 대해 그 어떤 의심도 없이 확신을 갖고 수행한다.

그러던 어느 날 비슬러는 동독이 낳은 최고의 극작가인 드라이만(제바스티안 코흐 분)과 그의 연인이자 최고의 여배우인 크리스타(마르티나 게데크 분)를 도청하는 임무를 맡게 된다. 드라이만은 서구의 책을 드러내놓고 읽어도 문제가 되지 않는 유일한 사람으로 동독 최고의 예술가이다. 하지만 그는 함께 일하는 연출가에 대해서 불만이 많은 상태이다. 과거 최고의 연출가인 예르스카(폴크마어 클라이네르트 분)와 함께 일했지만 그는 반사회인사로 낙인찍혀 더 이상 연출을 할 수 없게 된 상태이다. 드라이만은 장관에게 예르스카의 복권을 요청하였지만 거절당하고 도리어 도청되기에 이른다.

당시 동독이 보여준 감시에 대한 집착은 인간과 인간 사이의 관계에 대한 두려움의 표출로 볼 수 있다. 공산주의 시스템이 위태로워지자 정부는 인간 사이에 임의로 벽을 만들어 관계를 차단하고자 시도하며, 이는 주로 협박과 감시를 통해서 이루어진다. 고문과 협박을 통해 서로가 서로를 감시하고 멀리하도록 만드는 것이다. 동독의 수많은 사람은 자신을 바라보는 감시의 시선이 어느 곳에서 나타날지 알지 못한다. 이에 사람들은 지금 이 순간 그 시선이 나에게 닿아 있을 것만 같은 두려움으로 인해 인간관계에 벽을 세워버린다. 이 벽은 인간 사이의 단절을 불러오고, 고립된 인간은 관계의 결핍을 느끼게 된다. 지금 누군가가 나를 바라볼 수 있다는 가능성만으로도 두려움을 느끼게 된 것이다. 그렇다면 인간은 왜 타인의 시선 앞에서 불안을 느끼는 것일까?

이러한 현상은 후설의 지향성 개념을 통해 설명이 가능하다. 후설에 의하면 인간의 의식은 텅 비어 있는 무의 상태이다. 그러다 어떤 대상이 나타나면 그때 의식은 그 대상을 향해 형성된다. 이를 두고 '모든 의식은 무언가에 대한 의식'이라고 표현한다. 예컨대 장미를 한 송이 보았다고 해보자. 그 장미는 분명 하나의 객관적 대상이다. 하지만 그 대상은 개인의 상황이나 관점에 따라서 항상 다르게 인식된다. 어떤 날 본 장미는 나에게 기쁨으로 충만하지만, 그다음 날 본 장미는 아무런 의미도 없으며, 그다음에 본 장미는 당장 가서 꺾어버리고 싶은 고통만을 안겨주기도 한다. 이렇듯 하나의 현상은 자신이 어떤 상황이냐에 따라서 그리고 어떤 관점이냐에 따라서 달리 다가오게 마련이다. 결국 타인의 시선 앞에서 두려움을 느끼는 이유는 타인의 의식 속에 떠오른 나의 모습이 어떠한지 알 수 없기에 생겨나는 공포인 것이다.

비슬러는 자신의 행동에 확신을 가지고, 사람 사이의 벽을 만들고 유지하기 위해서 도청을 한다. 어떤 면에서 보면 그는 막강한 권력을 가진 존재이다. 비슬러는 자신이 보고 싶은 대로 타인을 의식화한 이후, 그들을 고문하여 그들 스스로 그 모습을 인정하도록 만들 수 있다. 그가 타인을 반체제 인사라고 낙인찍는 순간 낙인찍힌 사람은 반드시 그런 인간이 되어야만 하기에 잡아다 고문하는 것이다. 아무런 이유 없이 고문받던 당사자는 어느 순간 비슬러의 마음속에 떠오른 자신의 모습을 확인하게 된다. 그리고 더 이상의 고문을 피하기 위해 그냥 인정해버리고 없는 죄를 자백한다. 이러한 사실이 널리 알려질수록 사람들은 타인을 못 믿고 멀리할 수밖에 없어진다. 이는 마치 서로가 서로에게 지옥인 상황이라고 볼 수 있을 것이다.

사르트르에 의하면 나와 타인은 지속적으로 갈등하고 투쟁할 수밖에 없다. 가끔 야밤에 혼자 길을 걷거나 홀로 산책을 하다 문득 섬뜩한 시선을 느낄 때가 있다. 이때 나는 막연한 시선에 의해 끊임없이 흔들린다. 그 시선이 나를 어떻게 바라볼지 알 수 없기 때문이다. 예컨대 내가 누군가를 바라볼 때 나는 그 사람을 길거리의 돌멩이와 다를 바 없는 존재로 여길 수 있을 것이다. 이때 그 사람은 나를 중심으로 형성한 세계에서 그 어떤 관계의 역할도 할 수 없는 완벽한 사물(즉자 존재)에 불과하다.[16] 반대로 타인이 같은 시선으로 나를 바라본다고 해보자. 이때 나는 그의 시선에 의해 일방적으로 사물로 전락되어 끊임없이 균열되고 붕괴될 것이다. 따라서 인간 상호 간에는 자신의 세계를 지키고자 하는 시선의 투쟁이 발생하게 된다. 그의 시선 아래에서 나의 삶이 붕괴되는 것을 막아야 하기 때문이다.

비슬러는 이미 드라이만이 반체제 인사라는 낙인을 찍어버린 상태에서 도청을 하기 시작한다. 그런데 막상 도청해보니 그렇게까지 반

---

16   즉자(卽自) 존재는 의식을 가지지 못하는 사물 같은 것을 말한다. 즉자 존재는 의식이 없기에 다른 사물과 의식적으로 관계를 맺지 못한다. 이는 마치 속이 꽉 찬 구슬 같은 것이다. 예컨대 꽃은 의식을 가지지 못하는 사물이기에 다른 사물과 의식적으로 관계를 맺지 못한다. 대자(對自) 존재는 대상을 의식하고 자기 자신도 의식할 수 있는 자기의식을 가진 존재로서 인간의 존재 방식을 말한다. 인간은 의식을 가지고 있는 존재이기에 다른 사물들과 관계를 맺을 수 있다. 예컨대 우리가 꽃한 송이를 보게 된다면, 텅 빈 의식은 그 대상을 향해 초월적 운동을 행하여 '예쁘다' '안 예쁘다' 따위를 생각하게 되며, 이때 인간은 꽃과 관계를 맺게 된다. 대자 존재는 마치 속이 텅 빈 구슬과 같은 무(無)로서의 의식을 가지고 있다. 이에 대자 존재는 미래가 있고 끊임없이 바뀌어갈 수 있는 존재가 된다.

체제적인 인사도 아니고 특별히 문제가 될 부분도 보이지 않는다. 오히려 그는 공산주의에 대한 강한 믿음을 전제한 채 지나치게 경직되고 반인권적인 정부에 대해서만 비판 의식을 드러내고 있었다. 특별히 문제될 것 없는 그의 삶을 지속적으로 관찰한 비슬러는 이내 조금씩 드라이만의 영향을 받기에 이른다. 가족도 없이 오직 타인만을 감시하고 공산당만을 위해서 살아가는 비슬러의 삶은 상당히 공허하고 외로워 보인다. 가끔 사무치게 외로우면 창녀와 섹스를 하지만 창녀는 예약된 시간이 지나면 그냥 가버린다. 비슬러는 조금만 같이 있어달라고 요구하지만 창녀의 눈에 비친 비슬러는 돈으로 관계를 맺은 사물에 불과하기에 자신의 목적이 끝나면 그냥 사라져버린다. 가장 강력한 시선의 권력을 가지고 있는 그가 왜 이런 외로움에 사무쳐야 하는 것일까?

사실 비슬러는 삶의 이유를 찾기가 상당히 어려운 상태이다. 그는 항상 바라보는 자로서 극히 일부의 고위 당원들과 몇몇 이웃 외에는 아무도 그의 존재를 알지 못한다. 비슬러는 타인의 이름을 부르는 것이 쉽지가 않다. 별생각 없이 옆집 꼬마에게 이름을 물을 때마저 옆집 꼬마는 자신을 잡아가기 위해 이름을 묻는 줄 알고 두려워한다. 보통의 경우는 타인의 의식에 떠오른 나의 모습(나의 바라보인 존재)을 결코 알 수 없지만 비슬러는 그것을 어렴풋이 알 수 있다. 자신을 바라보는 이웃과 주변인의 시선이 결코 호의적이지 않다는 점을 말이다.

드라이만의 삶 역시 평탄하지만은 않다. 어느 날 들려온 예르스카의 자살 소식은 예술가로서 자신의 존재 자체에 대해 의문을 가지게 한다. 공산주의에 대한 믿음을 놓지 않은 채 예술혼을 불태웠던 위대한 연출가는 사실상 권력에 의해 죽게 되었다. 이에 드라이만은 불안에 휩싸인다. 그는 재능과 신념이 있음에도 그로 인해 실존의 불안에 빠져드는 것이다. 그는 자신의 공연을 위해 연기자와 연출자를 선택할 수도 없다. 공산주의에 대한 신념이 없는 것도 아닌데 체제는 그를 믿지 않는다. 드라이만은 예르스카와 같은 입장이 되지 않기 위해 발버둥 쳐야 하는 상황이며 이는 자신의 재능 때문에 빚어진 일이다. 더욱이 연인인 크리스타는 자신의 재능에 대한 의문과 불안 때문에 약물 치료를 받고 있으며, 드라이만을 감시하라고 지시한 헴프 장관(토마스 티에메 분)은 그녀의 몸을 소유하기 위해 약물 치료를 빌미로 협박하고 있는 상황이다. 결국 크리스타는 헴프 장관의 요구에 응하기로 결정한다. 예술을 통해 자신의 존재를 확인해왔던 크리스타였기에, 그 예술 자체가 위기에 처하자 어쩔 수 없이 성을 상납하게 된 것이다.

이 모든 이야기를 엿들은 비슬러는 그들의 삶에 다가온 큰 고통과 상실을 공감하게 된다. 자신이 사무치는 외로움을 느끼며 실존적 불안에 빠져드는 것과 마찬가지로 그들 역시 그러한 상황에 놓여 있음을 이해한 것이다. '타인의 삶'에서 '자신의 삶'을 확인한 비슬러는 조금씩 바뀌어간다. 처음엔 막강한 시선의 권력으로 타인의 삶을 바라보았지만 이내 그들의 삶에 감화되고 영향을 받은 것이다. 비슬러는 크리스타를 말리기 위해 그녀가 자주 들리는 술집으로 찾아간다. 그곳에서 크리스타를 만나 많은 사람이 당신을 사랑한다고 이야기하며, 그녀의 연기는 단순히 가짜가 아닌 그 이상의 것을 보여준다고, 당신은 그 자체로서 당신이라고, 당신은 가장 위대한 예술가라고 스스로 당당해지라고 말해준다. 이에 크리스타는 헴프 장관의 요구를 거부하고 드라이만의 곁으로 돌아간다. 이러한 크리스타의 결단은 실로 놀라운 것이다.

모든 사람은 자신이 소중하게 여기는 무언가를 통해 삶의 이유를 찾곤 한다. 하지만 그것이 타인에 의해 부정당하고 상실된다면 어떠할까? 이따금 타인이 내가 하는 일을 비하할 때면 우리는 상당한 분노를 느끼곤 한다. 하지만 타인이 나에 대해 그렇게 생각하는 것 자체를 막을 도리는 없다. 타인의 머릿속에 떠오른 나의 모습은 내가 알 수 없는 또 다른 나의 모습이다. 사르트르는 이렇듯 타인의 시선에 떠오른 나의 모습을 두고 '타자가 나에게 부여한 나의 외부(dehors)'라 말했다. 예컨대 그가 나를 바보천치로 생각한다면 나는 그의 마음속에서 바보천치의 모습으로 존재하게 된다. 즉 바보천치로서의 내가 존재하는 이유는 오로지 그가 그렇게 생각했기 때문인 것이다.

이렇듯 타인의 시선은 나에게 상당한 두려움과 수치심을 안겨준다. 낯선 타인의 등장은 나를 중심으로 형성된 세계에 균열을 일으키며, 나의 모든 것은 낯선 그의 세계로 흘러간다. 예컨대 아무도 없는 바닷가를 혼자 어슬렁거리며 울기도 하고 고함쳐 보기도 하면서 고독을 즐기던 순간, 웬 여자가 갑자기 바닷가에 나타났다고 해보자. 나 혼자 바닷가에 있을 때는 모든 세상이 나를 중심으로 구성됐지만 여자가 들어오는 순간 상황이 바뀌게 된다. 그 여자가 신경 쓰이기 시작하는 것이다. 그 여자를 신경 쓰는 순간 나를 중심으로 구성되었던 세계는 무너지기 시작한다. 나의 세계를 이루던 모든 존재와 의미가 그녀에게 흘러가기 시작한다. 사르트르는 이를 내출혈이라고 표현했다.

크리스타는 가장 소중한 것을 빼앗으려 드는 헴프 장관의 시선 앞에서 철저하게 별 볼일 없는 사물이 되어버린다. 이때 만약 헴프 장관의 요구에 응하였다면 그녀는 헴프 장관의 한낱 노리개에 불과한 사물과 같은 삶을 살아야만 했을 것이다. 하지만 그녀는 비슬러의 도움으로 헴프 장관의 요구를 무시하고, 도리어 헴프 장관을 별 볼일 없는 사물로 만들어버린다. 즉 그녀에게 아무런 의미도 가질 수 없는 돌멩이와 같은 존재로 헴프 장관을 바라본 것이다. 사실 상대방이 나를 별 볼일 없는 존재로 바라본다고 해도 그 시선 안에 갇힐 필요는 없다. 오히려 나 역시 그를 별 볼일 없는 존재로 바라보아 나의 시선 안에 가두어버릴 수 있기 때문이다. 쉽게 말해 누군가 나를 무능한 사람으로 생각한다고 하여 자괴감에 빠질 이유는 없다는 것이다. 크리스타는 비록 자신의 예술을 잃어버릴 상황에 놓이긴 했지만 최고위층 간부와 시선의 투쟁을 벌여 과감히 자신을 미래로 내던진다. 이에 드라이만 역시 무언가를 하겠다면서 자신을 미래로 내던지게 된다.

사르트르는 신이 인간에게 부여한 삶의 목적 같은 것은 없으며, 도리어 인간은 우연히 태어난 존재에 불과하다고 말했다. 이를 두고 '실존은 본질에 앞선다'라고 말한다. 인간에게 그 어떤 목적도 없다는 말은 선험적으로 부여된 본질 따위는 없다는 것을 의미한다. 따라서 인간은 끊임없이 자신을 미래로 내던져 스스로의 삶을 선택하고 결단하여 창조하는 존재가 되며, 이것이 바로 본질보다 앞서는 실존의 의미이다.

드라이만과 크리스타의 변화는 비슬러의 삶에도 큰 균열을 발생시킨다. 하지만 드라이만의 시선은 단 한 번도 비슬러를 향한 적이 없다. 드라이만은 자신이 감시당하고 있다는 사실조차도 모르는 상태이다. 그럼에도 비슬러의 삶에 균열이 발생하는 이유는 자기 자신을 동물과 같이 비루한 존재로 느꼈기 때문이다. 즉 강력한 시선의 권력을 가진 자신이야말로 모든 사람에게서 동물보다 더 못한 취급을 받고 있는 사물에 불과했던 것이다. 비슬러는 그런 자신의 모습을 드라이만을 통해 확인한다. 지독하게 초라한 자신을 말이다. 하지만 그는 드라이만을 통해 자신의 초라함과 부끄러움을 느꼈기에 변화하게 된다.

드라이만은 동독의 실상을 서독에 알리기 위한 글을 쓰기로 결심한다. 더 이상 권력에 의해 자신의 삶이 휘둘리는 것을 묵과하지 않기 위해서이다. 이 모든 사실을 엿듣고 있는 비슬러는 이를 묵인한다. 동독의 예술가들이 행하는 자살과 동독의 높은 자살률에 대한 글은 서독의 시사 주간지인 《슈피겔》에 실리게 되고 이는 동독 정부에 큰 문제를 일으킨다. 이와 동시에 헴프 장관은 크리스타가 자신의 요구에 불응한 것에 앙심을 품고 그녀를 파멸시키려 한다. 특별한 죄목도 없이 국가보안부로 끌려간 그녀는 《슈피겔》에 실린 글의 저자가 누구인지 말하지 않으면 영원히 연기를 못 하게 만들겠다는 협박을 당한다. 결국 그녀는 드라이만을 고발하고 그 글을 쓴 타자기가 있는 위치를 말한 이후 죄책감으로 자살한다. 하지만 이미 타자기는 비슬러가 치워버린 후였으며 이 사건을 계기로 비슬러는 좌천된다. 비록 명확한 증거는 없지만 그가 배신했다는 확신을 얻어 좌천시킨 것이다.

크리스타의 자살은 시선의 투쟁에서 패한 자가 보여줄 수 있는 비극적 사건이다. 그녀는 삶의 이유를 지속적인 예술 활동에서 찾으려 하였지만 권력에 저항한 결과, 자신의 예술을 빼앗기게 된다. 삶을 빼앗겨버린 그녀를 바라보는 시선은 지독하게 차갑다. 드라이만의 친구들은 크리스타를 사랑하는 사람을 배신한 여자라고 낙인찍으며 그녀를 경멸한다. 이러한 사실을 확인한 크리스타는 그들의 시선에 사로잡힌 채 내출혈을 일으키며 고통에 몸부림치게 된다. 예술을 지키고자 하는 나와 배신자로 낙인찍힌 타인 속의 또 다른 나의 충돌은 크리스타를 걷잡을 수 없는 상황으로 몰아간 것이다. 크리스타는 그냥 평범한 삶을 살고 싶었을지도 모른다. 하지만 그녀는 타인의 시선이라는 지옥에 갇혀버린다. 크리스타는 지옥의 구렁텅이 속에서 타인의 마음속에서만 존재하는 자신에게 살해된 것이다.

> 인간은 자기 밖에 있는 것이며 부단히 자기 밖에서 스스로를 투사하고 스스로를 잃어버림으로써 인간을 존재하게 하는 것이다. 한편 인간이 존재할 수 있는 것은 더 높은 목적을 추구하기 때문이다. 이처럼 사람은 자기 이상의 것을 행하며 그러한 초월에 비추어서만 인간은 사물을 파악할 수 있기 때문에 초월의 한복판, 즉 중심에 있다. 인간의 우주, 즉 인간의 주체성의 우주 이상의 다른 우주가 있을 수 없다.[17]

이 작품은 시종일관 시선의 투쟁에 관해 이야기한다. 무너지기 직전의 동독이 보여준 폐쇄적인 정책은 인간 사이의 관계를 지독할 정도로 불안하게 만든다. 폐쇄적인 관계는 알 수 없는 시선에서 기인한다. 어디에선가 나를 감시하는 시선이 있다는 막연한 불안감은 타

17   사르트르, 《실존주의는 휴머니즘이다》, 방곤 옮김, 문예출판사, 1999, p.48~49.

인을 지옥에 있는 것같이 느끼게 만든다. 하지만 인간은 자신의 삶을 지속적으로 창조해나갈 수 있는 가능성을 가진 존재이다. 기본적으로 나와 타자는 투쟁과 갈등의 관계일 수밖에 없지만 오히려 이를 통해 삶의 의미를 지속적으로 새롭게 창조할 수도 있는 것이다. 이는 비슬러의 삶을 통해서도 확인할 수 있다. 국가를 위해 헌신해온 비밀경찰인 그는 드라이만을 감시하면서 변화한다. 드라이만에게서 감화받은 것에 불과할지도 모르지만 결국 변화하려는 결단은 비슬러 자신이 내린 것이다. 비슬러는 그 어떤 것에도 의지하지 않은 채 자신의 결단에 의해서 자신을 되돌아보고, 더 이상 국가나 그 외 초월적 가치에 의해 자신의 삶이 조종되지 않도록 스스로를 정의 내리게 된다. 이때 비슬러는 진정한 삶의 주인으로 자리매김한다.

아무르
죽어가는 타인의 얼굴

"오늘 밤에

'당신 참 예쁘다'고 말했던가?"

인간은 자신의 죽음을 경험할 수 없다. 죽음을 생각한다는 것은 살아 있다는 증거이며, 그 이후에 무엇이 있는지 알 수 없다. 그렇기에 나의 죽음을 경험한다는 것은 어쩌면 말이 안 되는 것이다. 그래서 대부분 죽음의 문제는 타인의 죽음을 경험하는 것으로 등장한다. 그중 가장 절박하게 다가오는 것은 바로 사랑하는 이의 죽음이다. 만약 나의 사랑하는 부모, 형제, 자식의 죽어가는 얼굴을 마주한다면 나는 어떻게 될까?

〈아무르〉는 가장 소중한 사람이 서서히 죽어가는 것을 담담히 살펴보는 작품이다. 평범한 일상을 보내던 음악가 노부부 조르주(장루이 트랭티냥 분)와 안느(에마뉘엘 리바 분). 어느 날 이들은 연주회를 관람하고 온다. 그리고 다음 날 안느는 갑작스런 마비 증세를 보인다. 간단한 병이라 병원에서 수술하였지만 그만 운 없게도 안느의 육신은 조금씩 마비되어간다. 처음엔 휠체어를 타야만 이동이 가능했다. 어느 순간 오른쪽 신체가 움직이지 않게 되어 용변을 가릴 수 없게 됐다. 그리고 결국은 휠체어에도 타지 못한 채 가만히 누워 있게 된다. 이 작품은 안느의 죽음에 대해서 직접적으로 왈가왈부하진 않는다. 병원에 가는 장면도 나오지 않고 수술에 대해서도 어렴풋이 알 수 있을 뿐이다. 오직 안느의 온몸을 휘감아도는 서늘한 죽음의 예감만이 가득하다.

이 작품은 죽어가는 안느와 아내를 바라보는 조르주를 관조하듯 흘러간다. 조금씩 몸이 마비되며 죽어가는 아내를 바라보는 조르주가 느끼는 것은 무엇일까? 부인의 죽음 앞에서 이별을 준비해야만 하는 슬픔일까? 분명 조르주는 서늘한 슬픔을 끊임없이 자아내고 있다. 하지만 그에게 더 근원적으로 다가오는 것은 어느 누구도 아닌 바로 자기 자신의 죽음이다. 언젠가 자신도 죽을 수 있다는 확실한 사실. 그는 부인의 죽어가는 얼굴에서 어느 누구도 아닌 자신의 죽음을 예감한다.

죽음은 예고 없이 다가오는 사건이다. 이는 그것에 대해 생각할 겨를도 없이, 맞서 투쟁할 기회도 없이, 느닷없이 다가오는 절대적 폭력이다. 죽음은 그 어떤 지식으로도 길들일 수 없는 미지의 것으로, 세상에 존재하는 모든 가치는 죽음 앞에서 급속도로 의미를 상실한다. 죽음 앞에서 두려움을 느끼는 가장 큰 이유는 내 존재의 사라짐 때문이 아니라 죽음 앞에서 그 어떤 선택도 할 수 없는 절박함 때문이다. 레비나스는 이러한 죽음을 절대적 타자라고 말했다. 죽음이라는 것은 내가 경험할 수 없는 것이기에 나에게로 환원할 수 없는, 인식·지식·존재 모든 영역을 넘어서는, 나의 바깥에 존재하는 것이다.

우리는 일상적인 삶을 살아가면서 타인의 삶에 그다지 큰 관심을 갖지는 않는다. 나를 중심으로 구성된 세계 안에서는 그가 얼마나 유용한 도구인지의 여부만이 유일한 관심사이다. 즉 나에게 얼마나 도움이 되느냐의 여부에 따라서 타인과 관계를 맺고 타인을 수단으로 활용하게 된다. 하지만 이러한 사실을 놓고 심하게 비난할 수는 없다. 인간은 가혹한 세상에서 살아가야 하고 살아남아야 하므로 타인의 삶에 큰 관심을 가질 수 없는 것이다. 하지만 우연이든 뭐든 일단 타인의 죽음을 목격하게 된다면, 나는 더 이상 타인에게 무관심할 수 없게 된다. 타인의 죽어가는 얼굴은 내가 가질 수 없고, 도구적 수단으로 활용할 수도 없는, 나에게 죄책감을 일깨우는 절대적 타자이기 때문이다.

처음 안느가 수술에 실패하여 마비되었을 때 조르주는 그녀의 얼굴을 유심히 살펴본다. 그때 안느의 얼굴은 조르주에게 상당한 당혹스러움과 낯섦을 선사한다. 평생을 두고 바라본 사랑하는 이의 얼굴이지만 그 순간만큼 아내의 얼굴을 자세히 살펴본 적도 없었을 것이다. 낯설게 다가온 아내의 새로운 얼굴은 조르주에게 큰 흔들림을 경험하게 만든다. 이때 조르주가 느끼는 것이 바로 정서적 동요이다. 이는 타인의 고통받는 얼굴과의 예고 없는 만남을 통해 발생하는 것이다.

이런 정감은 어떠한 친밀성보다도 더 친밀하며, 후험적이지만 모든 선험성보다 더 오래된 것이고, 경험으로 되돌릴 수 없는 기억 불가능한 통시성이다. 죽음과 맺는 관계는 모든 경험에 앞선 것으로, 존재나 무에 대한 비전이 아니다.[18]

안느의 첫 번째 마비 증상을 목도한 그날 밤 영화는 어둠이 내린 아무도 없는 텅 빈 집 안의 곳곳을 비춘다. 사람이 살아 있었던 흔적은 가득하지만 정작 사람은 존재하지 않는, 익숙하지만 낯선 공간 속에서 언젠가 맞닥뜨릴 수밖에 없는 부부의 죽음과 그로 인한 적막함을 예감할 수 있다. 이 작품을 통해서 우리가 목도하는 것은 단순히 안느와 조르주가 느끼는 죽음의 예감이 전부가 아니다. 익숙한

18 　에마뉘엘 레비나스 · 자크 롤랑, 《신, 죽음 그리고 시간》, 김도형 · 문성원 · 손영창 옮김, 그린비, 2013, p.29.

공간의 낯선 환기는 관객인 우리의 삶 속으로 침투해 들어오는 죽음의 예감을 느끼게 한다.

〈아무르〉의 공간은 오로지 집 안에서만 이루어진다. 병원에 간다거나 바깥에서 산책하는 장면은 전혀 나오지 않은 채 오로지 둘만의 공간을 공고히 하는 것이다. 여기서 문은 상당히 중요한 역할을 한다. 항상 바깥에서 안으로 들어오는 문만이 존재하며 그 문은 반드시 닫혀 있다. 죽음은 그 공간을 무너뜨리는 외부적 침입으로 나타난다. 그리고 이는 조르주의 꿈을 통해 세밀하게 표현된다. 안느가 침대에서 떨어진 이후 조르주는 악몽을 꾼다. 늦은 밤 벨 소리가 울려 바깥으로 나가보니 자신의 집이 발목까지 물에 잠길 만큼 황폐화되어버린 상태였던 것이다. 그때 웬 손 하나가 조르주의 입을 막으며 뒤에서 잡아당긴다. 폐허처럼 변해버린 집과 누군가의 침입은 그들의 소중했던 삶이 사라질 수밖에 없다는 죽음에 대한 강한 암시이다. 그리고 이 죽음의 방문은 누군가의 침입으로 그려진다.

사실 이 작품에서 바깥 공간의 존재는 그다지 중요하지 않다. 만약 병원에도 가고 병명도 알려주면서 시시콜콜하게 설명을 하였다면 어땠을까? 그건 마치 부부의 선택을 정당화하기 위한 수단처럼 느껴졌을 것이다. 더욱이 병명도 알고 치료하기 위한 최선의 노력을 알게 된다면 우리는 더 이상 그들의 고통받는 얼굴을 마주하지 못하게될 것이다. 병명을 아는 그 순간부터 안느에 대해 감정적 관계보다는 치료에 대한 이성적 관계가 우선시될 것이기 때문이다. 더욱이 그때부터 조르주가 느끼는 자신의 죽음에 대한 예감은 어디론가 사라져버릴 가능성이 다분하다.

실제로 딸이 그런 모습을 보여준다. 안느의 병세가 극도로 악화되어 더 이상 휠체어도 탈 수 없는 지경에 이르렀을 때, 딸은 엄마의 모습을 보며 아버지를 비난한다. "저렇게 눕혀만 두면 안 되잖아요. 엄마 모습이 아니에요. 이건 아니죠…. 왜 입원을 안 시켜요?" 딸 부부는 조르주에게 이런저런 이성적인 대안을 제시하려 들지만 실상 그들이 부모에 대해서 무엇을 알고 있다고 할 수 있을까? 실제로 안느는 마비된 자신의 모습을 어느 누구에게도 보이고 싶어 하지 않는다. 하지만 딸은 자식이라는 미명으로 엄마를 만나고, 아버지의 고통받는 얼굴을 끝까지 외면한 채 이런저런 간섭과 비난을 가한다. 하지만 그런 식의 동정이 안느에게 큰 의미를 주긴 어려울 것이다. 딸은 마치 자신이 모든 것을 알고 있다는 듯 행동한다. 오직 자신의 결정만이 옳은 것이고 아버지는 무책임하게 엄마를 방치하는 무능력자일 뿐이다. 하지만 이는 지극히 이기적인 입장에 불과한 것으로, 자신이 느끼는 고통에서 벗어나기 위해 아버지를 비난하는 것에 불과하다. 이러한 사고방식으로는 고통받는 타인을 있는 그대로 바라볼 수가 없다. 오직 내가 느끼는 고통과 죄책감의 완화만을 생각할 뿐이다.

병세가 점점 악화되는 안느를 바라보던 딸은 더 이상 방치할 수 없다며 조르주에게 진지하게 이야기하자고 한다. 그러자 조르주는 딸에게 묻는다. 어떻게 하는 게 진지한 것인지, 너희 집에 모시고 갈 것인지, 아니면 요양 병원에 데려다 놓을 것인지 말이다. 극 중에는 딸의 대답이 나오지 않지만 아마도 책임 앞에서 도망갔을 가능성이 다분하다. 딸이 보여주는 태도는 아버지는 아무것도 모른 채 제대로 일을 하지 못하고 있다는 오만에 불과하다. 결국 부부의 상황을 이해할 수 있는 자, 서로의 고통받는 얼굴을 마주보며 정서적 동요를 느낄 수 있는 자, 서로에게 윤리적 책임을 다해줄 수 있는 자는 오직 그 상황에 처한 자신들뿐이다.

극도로 악화된 안느의 노쇠한 육체는 끝없는 고통과 추함만을 드러낸다. 안느는 고통스러운 표정 이외엔 아무것도 떠오르지 않는 자신의 얼굴을 스스로 외면하기에 이른다. 그녀는 더 이상 자신의 구차한 삶을 유지하고 싶지 않아 물을 거부하기 시작했고, 이에 조르주는 안느의 뺨을 친다. 그때 여섯 개의 그림이 약 8초 정도 천천히 지나간다. 죽음의 암시를 강하게 풍기는 이 그림을 통해 닥쳐올 안느의 죽음을 확인할 수 있다. 결국 조르주는 안느를 위해 중대한 결행을 한다. 그리고 마지막 순간까지 둘만의 공간과 존엄을 지키려 애쓰며, 그렇게 함께 떠나간다. 하지만 지키려고 애썼던 공간은 시체의 수습과 함께 활짝 열려버린다. 그리고 열린 공간 속으로 딸이 홀로 와 앉으면서 끝맺는다.

영화 초반의 텅 빈 집 안을 둘러보는 장면, 조르주의 꿈, 여섯 개의 그림 등은 전형적인 '낯설게 하기' 기법으로 볼 수 있다. 이상일은 '어떤 사건이나 행동의 어느 한순간, 혹은 하나의 상황을 두드러지게 돋보이게 만드는 낯설게 하기의 수법은 우리가 일상적인 것으로 넘겨버리기 쉬운 사실에 대하여 한 번 더 문제를 제기해보는 방법'[19] 이라고 말했다. 결국 미하엘 하네케 감독은 낯설게 하기를 통해 관객인 우리에게도 죽어가는 타인의 얼굴을 직면하도록 만든다. 이는 자신으로 하여금 그 앞에서 고개 숙이고 부끄럽게 만들어 윤리적 인간으로 새롭게 태어날 수 있도록 만든다.

미래와의 관계, 즉 현재 속에서 본 미래의 현존은 타자의 얼굴과 마주한 상황에서 비로소 실현되는 것처럼 보인다. 얼굴과 얼굴을 마주한 상황은 진정한 시간의 실현이다. 미래로 향한 현재의 침식은 홀로 있는 주체의 일이 아니라 상호 주관적인 관계이다. 시간의 조건은 인간 사이의 관계 속에 그리고 역사 속에 있다.[20]

타인을 마주한다는 것은 현재 속에서 새로운 미래를 가능하게 한다. 나는 영화 속의 한 부부를 우연히 만났다. 그런데 만약 내가 철

<hr>

19   이상일, 《브레히트: 브레히트와 서사극》, 건국대학교출판부, 1996, p.14.

20   에마뉘엘 레비나스, 《시간과 타자》, 강영안 옮김, 문예출판사, 2009, p.93.

저하게 내 입장에서 그들을 바라보았다면 난 어떤 선입견을 가진 채 그들을 구성하려고 들 것이다. 딸과 마찬가지로 안느를 요양 병원에 보내지 않는 조르주를 비난할 수도 있을 것이며, 심지어 부인을 죽여버린 조르주를 처벌해야 한다고 말할 수도 있을 것이다. 하지만 조르주와 안느를 있는 그대로 바라본다면 그들은 알 수 없는 존재가 된다. 어떠한 삶을 살아왔고 어떠한 사랑을 해왔는지 알 수 없는 나로선 그들에 대해 함부로 말할 수가 없다. 다만 지극히 이기적인 나의 입장에서 벗어나, 그들의 고통받는 얼굴을 바라보고 소통하여, 그들에게 다가선 채 고개 숙일 뿐이다.

레비나스는 제2차세계대전 당시 부모 형제를 아우슈비츠에서 잃었다. 이러한 경험은 그가 전체성의 폭력에 대해서 깊이 성찰하게 되는 계기가 되었다. 그에 의하면 제2차세계대전 당시의 모든 폭력은 타자를 나에게 환원시켜버리는 서구 철학의 전통에서 비롯된 것이었다. 이에 레비나스는 나에게 환원할 수 없는, 그 무엇으로도 규정할 수 없는 무한자로서의 절대적 타자를 말했다. 고통받는 타인을 있는 그대로 바라보고 그에 대한 응답과 윤리적 책임을 통해 나 자신을 새롭게 구성할 수 있는 가능성을 찾았던 것이다. 레비나스에게 죽음의 문제는 윤리적 인간으로 나아갈 수 있는 하나의 가능성이다. 다시 말해 고통받고 죽어가는 타인의 얼굴을 마주하였을 때 인간은 자신에게서 벗어나 새로운 윤리적 인간성을 정립할 수 있다는 것이다.

결국 인간은 타인을 만나 진정으로 그와 소통할 수 있을 때 그때야
비로소 윤리적 인간으로 자리매김할 수 있게 된다.

눈먼 자들의 도시
소유의 투쟁과 존재 양식의 삶

"모두가 눈이 멀게 된 것보다

더 두려운 건

오직 나만이 볼 수 있다는 사실이다."

어느 날 도로 한복판에서 어떤 사람의 눈이 멀어버린다. 그는 안과 의사를 찾아가지만 원인을 찾지 못하고, 오히려 의사까지 눈이 멀어버린다. 처음엔 이해할 수 없는 단순한 실명으로 여겼지만 이는 마치 전염병처럼 주변 사람들에게 급속도로 옮겨가기 시작한다. 운전을 하다 갑자기 눈이 멀어 사고가 나고, 비행기 조종사가 갑자기 눈이 멀어 추락하는 등 상황이 걷잡을 수 없게 진행되자 정부는 이들을 격리 수용하기 시작한다. 격리 수용된 한 무리의 사람들 중에는 이 병의 최초 발견자인 의사가 포함되어 있었다. 그리고 의사의 부인은 단 한 사람의 눈뜬 자로서 남편을 위해 수용소로 같이 들어간다. 눈먼 자들이 지속적으로 늘어나자 수용소는 포화상태에 이르게 되고, 그 안에서 생존을 위한 투쟁이 벌어진다. 그리고 어느 순간

온 세상은 눈먼 자들의 세상이 되어버린다. 그리고 의사 부인만 홀로 눈뜬 자가 되었다.

사실 이런 이야기는 누구나 한번쯤 상상해봤을 법한 것이다. 단순히 모든 사람이 눈이 먼다는 걸 넘어서 나 혼자 투명 인간이 되고 싶다는 생각 역시 같은 맥락의 이야기로 볼 수 있다. 모든 사람의 눈이 멀었다는 것은 우리가 가지고 있는 많은 것의 상실을 의미한다. 투명 인간이 되고 싶다는 생각 역시 내가 가질 수 없는 많은 것을 가지고 싶다는 걸 의미한다. 모든 사람의 눈이 멀었다는 것은 모든 물질적 가치가 의미를 상실하게 된다는 것을 말하며, 이 작품은 자신을 증명해준다고 생각해왔던 물질적 가치를 잃었을 때 인간이 어떠한 모습을 보여줄 수 있는지 잘 표현한다.

인간은 '무한한 진보, 저 위대한 약속'이라는 구호를 외치며 최대한의 물질적 풍요와 최대다수의 최대행복이라는 유토피아를 꿈꿔왔다. 하지만 위대한 약속은 오늘날에도 여전히 이루어지지 않았을 뿐더러, 이제는 도리어 의구심만 불러오고 있다. 사실 무한한 진보라는 이념은 오늘날 불가능한 것으로 판명되고 있다. 자본주의의 발전을 통해 물질적 풍요를 이룬 것은 분명하지만, 현대인들은 여전히 깊은 외로움과 상실감에서 벗어나지 못한 채 살아가고 있다. 더욱이 경제의 무한한 진보는 어디까지나 몇몇 계급층과 부유한 국가에 한정되어, 빈부 격차와 국가 간의 격차는 더욱 커지고 있는 것이 현실이다.

〈눈먼 자들의 도시〉 전반을 흐르는 핵심적 주제는 소유에 대한 투쟁이다. 모든 물질적 가치가 의미를 상실해버린 시대를 맞이하여, 눈먼 자들이 자신의 존재를 증명하기 위해 소유에 대한 투쟁을 벌이는 것이다. 이런 현상을 두고 에리히 프롬은 '자본주의 체제 내부에 이미 그 원인이 내포되어 있다'고 판단하였다. 그것은 바로 쾌락주의와 이기주의이다.[21]

이기심은 최대한의 쾌락을 누리기 위한 삶의 한 방식으로서 최대한 많은 것을 소유하였을 때 인간은 더 큰 쾌락을 느낀다. 이러한 탐욕스러운 이기심을 통해 자본주의는 더욱더 발전하고 더 많은 사람에게 이기심을 추구해도 된다는 여지를 만들어준다. 따라서 각 개인이 최대한의 쾌락을 추구하는 것은 굉장히 바람직한 행동이 된다. 이런 식의 태도는 공리주의를 통해 더욱 강화된다. 최대다수 최대행복에 입각한 공리주의적 결과론은 현대사회 전반에 막강한 영향력을 행사한다. 현대 자본주의의 수많은 논제는 최대다수의 행복을 위해 합리화되고 있으며 그 안에서 발생하는 부작용은 최대다수의 행복을 위해 외면되고 있다.

오늘날 현대 자본주의에서 시민이라는 단어는 더 이상 큰 의미를 가지기 어렵다. 도리어 소비자라는 단어야말로 현대 자본적 시민의 전형이 되어버렸다. 이에 현대사회는 최대한 많은 소비를 미덕으로

---

21   에리히 프롬, 《소유냐 존재냐》, 최혁순 옮김, 범우사, 1999, p.20.

바라보아 '나는 소유(소비)한다. 고로 나는 존재한다'라는 새로운 명제를 내세우기에 이른다. 즉 내가 가진 소유물이 많아지고 커질수록 나의 존재도 더욱 뚜렷해진다는 것이다. 에리히 프롬은 이러한 삶의 태도를 소유 양식의 삶이라 칭하며 이를 극심한 인간소외의 전형으로 바라보았다.[22] 하지만 지속적인 자기 이익과 자기만족의 추구가 궁극적인 행복을 가져다주는 것은 아니며 지속적인 쾌락이 항상 주어진다는 보장도 없다. 행복과 만족이라는 쾌락은 그 자체를 목적으로 삼을 때는 잡히지 않는다. 평생 파랑새를 찾아 헤매지만 파랑새를 찾는 순간 날아가 버리듯이 말이다.

눈먼 자들이 기하급수적으로 늘어나자 수용소는 꽉 차게 되고, 더 시간이 흐르자 사회 전체가 눈먼 자들의 세상으로 전락하게 된다. 더 이상 눈뜬 자가 존재하지 않게 되자 수용소에 대한 식량 배급도 사라진다. 수용소의 사람들은 그러한 사실도 모르는 채 계속 그곳에 갇혀 있는 상황이다. 식량이 급격히 줄어들자 어느 순간 수용소에서 힘으로 식량을 차지한 뒤 재물을 요구하는 집단이 발생한다. 돈을 내놓으면 식량을 주겠다는 것이다. 하지만 이는 아무 의미가 없는 공허한 행동에 불과하다. 사람들은 식량을 얻기 위해 돈이나 귀금속을 그들에게 주지만 눈먼 자들의 세상에서 재물은 아무런 의미가 없

22   에리히 프롬, 《소유냐 존재냐》, 최혁순 옮김, 범우사, 1999, 4장 소유양식이란 무엇인가?

다. 다이아몬드를 가진다 한들 그것이 진짜인지 가짜인지도 구분이 안 되는 상황에서 무슨 의미가 있을까?

소유 양식의 삶에서 인간의 존재 가치는 그가 가진 소유물의 양과 질로 결정되기에 인간은 더 좋은 것을 갖기 위해 노력한다. 더 많은 걸 소유하려는 욕망을 충족시키기 위해서는 강한 권력이 필요하다. 자본에 의한 힘이든 폭력에 의한 힘이든 무엇이 되었든 힘과 권위는 더 많은 것을 소유할 수 있도록 보장해준다. 즉 수용소에서 식량을 독점한 집단은 우월한 지위를 확보하여 왜곡된 형태의 힘과 권위를 얻으려 한 것이다. 이러한 의미 없는 소유에 대한 욕망은 존재에 대한 불안에서 기인한다. 눈이 멀어 나의 신체조차 제대로 제어하지 못하는 상황에서 극적으로 다가오는 유아기적 경험은 주체의 붕괴 가능성을 내포한다. 이들은 극심한 불안을 제거하기 위해 재물을 탐하며 자기 이익을 추구하지만 이는 도리어 공허한 고통만 가져다줄 뿐이며, 수용소라는 제한된 공간 안에서 재물은 순식간에 의미를 상실한다.

급기야 그들은 여성에게 성을 바치라고 요구한다. 물질 자체가 의미가 없어진 상황이기 때문에 그들은 살아 있는 인간을 소유하고자 시도한 것이다. 소유 양식의 삶은 물질을 넘어 사람까지 소유의 대상으로 바라본다. 하지만 여성을 소유하여 성을 상납받는 행위에서 당장의 쾌락은 얻을 수 있을지도 모르겠지만 궁극적으로는 더 큰 고통을 불러오게 된다. 타인을 소유한다는 것은 타인을 도구처럼 대한다는 것인데 이는 자기 자신도 도구처럼 여길 수 있다는 가능성이 내포되어 있기 때문이다. 결국 소유를 위한 폭력을 통해 자신들의 존재를 확인하려던 그들은 불에 타 전원 사망하게 된다. 성을 상납하던 여성이 몰래 다가가 불을 질러버린 것이다. 이는 곧 그들이 내세운 소유적 주종 관계가 자신들에게 고스란히 되돌아온 것과 다름없다. 겉보기엔 쾌락의 추구처럼 보이는 행위 역시 쾌락을 가져오지 못하고 죽음이라는 고통만 불러왔다는 것이다.

주제 사라마구는 자본의 논리에 입각한 사회적 지위와 주체성이 얼마나 허구적인 것이며 그것을 잃었을 때 인간이 얼마나 추해질 수 있는지를 잘 보여주고 있다. 그의 소설 속에 인상 깊은 구절이 하나 있다. '우리는 처음부터 눈이 멀었고 지금도 눈이 멀었다고 생각해요…. 볼 수는 있지만 보지 않는 눈먼 사람들이라는 거죠.' 근대 자본주의의 발전 이후 나타난 물신화 현상, 무조건적인 경쟁 논리, 약자에 대한 배려가 부족한 현실, 무엇을 위해서 경쟁하는지조차 모르는 철학의 빈곤 등 이 모든 문제는 이미 모두가 잘 알고 있지만 애써 보지 않으려 하는 현실이다. 〈눈먼 자들의 도시〉는 눈뜬 자들의 도시인 현실 세상과 다를 것이 하나 없다. 소유라는 하나의 목적을 위해 만인에 대한 투쟁 상태에 빠져든 현대인들은 눈뜬 자들처럼 보이지만 실상 눈먼 자들과 똑같다.

하지만 이 작품은 인간의 자본적 욕망이 제거된다면 진정한 의미의 인간성을 회복할 수 있다는 가능성을 제시한다. 레비나스에 의하면 고통받는 타인의 얼굴은 단순한 얼굴을 넘어 그 사람의 존재 그 자체를 가리킨다. 즉 타인의 얼굴을 통해 익명으로서의 낯선 이가 아닌 고유한 존재로서의 타인을 만날 수 있는 것이다. 타인은 모든 것을 잃어버린 고통스러운 얼굴을 통해 나에게 자신을 드러낸다. 그리고 세계를 소유하고 지배하려는 나에게 저항하며 나를 무력화시키고 윤리적 응답과 책임을 묻는다.

의사 부인은 홀로 눈뜬 자로서 수많은 눈먼 자의 얼굴을 목도한다. 실의에 빠진 사람, 공포에 떠는 사람 등 다양한 사람의 얼굴 속에 담긴 표정은 고통과 절망으로 넘쳐난다. 고통받는 얼굴에서 그들의 인종, 국적, 학력, 재력 등은 그다지 중요하지 않다. 그들은 유일하게 얼굴을 바라볼 수 있는 의사 부인에게 응답을 요구하는 신과 같은 존재이다. 그 얼굴은 '더 이상 고통받는 타인을 외면하지 마라. 돈을 위해 타인을 살해하지 마라'고 말하며 눈뜬 자에게 명령한다. 이 작품은 새로운 가족의 탄생으로 마무리된다. 의사와 의사 부인, 창녀와 애꾸눈, 일본인 부부. 이들은 그 어떤 공통점도 없는 사람들이다. 만약 과거와 같이 소유 양식으로 상대방을 바라보았다면 서로가 서로를 동등하게 바라봤을 리가 없다. 하지만 이들은 고통받는 타인의 얼굴을 직접 볼 수 있었던 의사 부인의 이타성을 통해 타인의 얼굴을 느끼게 된다. 그리고 주변의 이방인을 지배의 대상이 아닌 동등한 개체로 바라본다. 타인을 순수하게 바라볼 수 있게 된 인간은 그 순간 존재의 충만을 통해 소외에서 벗어나게 되는 것이다.

레비나스는 "생각은 어떻게 시작되는가?"라는 질문에 대해 다음
과 같이 말했다.

> 정확히 말로 표현할 수 없는 무슨 충격이나 더듬거림에서 시작되
> 는 것 같다. 예를 들어 분리나 폭력 장면 또는 지독하게도 지루하게
> 느껴지는 시간 같은 것 말이다. 그리고 책(꼭 철학책이 아니라도)을 읽
> 으면서 그러한 충격이 물임이 되고 문제가 되어 생각을 불러일으킨
> 다. 문학을 통해, 단순히 말을 배우는 문제가 아니라 '참다운 삶' 곧
> 지금 내 앞에 없어도 결코 유토피아만은 아닌 그런 삶을 본다. 흔히
> 책을 정보 창고나 지식을 얻는 도구 또는 지침서로 생각하지만, 사
> 실 책은 우리의 존재 양식이다. 책의 존재론적 성격을 무시하면 안
> 된다. 책을 읽는다는 것은 현실(또는 정치)을 넘어서는 것이며, 우리
> 자신에 집착하는 데서 벗어나는 것이다. 억지로 우리 영혼을 아름답
> 게 하려는 의도나 이상적인 규범을 찾으려는 의도가 없이도 그렇게
> 된다는 말이다. 이런 의미에서 성서는 내게 가장 훌륭한 책이다.[23]

2013년 12월 10일, 고려대학교의 주현우는 '안녕들하십니까?'라는

---

23   에마뉘엘 레비나스, 《윤리와 무한》, 양명수 옮김, 다산글방, 2005, 1장 〈성서와 철학〉.

대자보를 학교 게시판에 올렸다. 모든 것이 인터넷을 위주로 돌아가는 디지털 시대에 손으로 직접 쓴 대자보는 우리 사회 전반에 큰 울림을 전달했다. 비록 짧은 글이지만 그 글이 던져준 일갈은 부채적 죄책감을 불러일으켜 끝없는 사유로 나아갈 수 있는 하나의 계기가 되었다. 하루아침에 사람들이 해고되고, 폭력적인 공권력에 저항하기 위해 자살할 수밖에 없는 현대사회는 분명 야만의 시대이다. 우리는 고통받고 있는 수많은 사람의 얼굴을 목도하고 있다. 이는 취업, 성공 등의 물질적 가치를 위해 애써 외면해온 현실이자, 타인의 얼굴을 외면하였기에 다가온 일종의 죄책감이다. 우리는 어쩌면 야만의 시대 한복판에서 타인이라는 신을 만나고 있는 것일지도 모른다. 그 신은 우리에게 '너만의 이기적인 세계에서 벗어나 타인을 위해 기도하라'고 명령한다. 즉 타인의 얼굴을 마주보고 기도하여 타인에 대한 무한한 사랑과 책임을 가지게 되었을 때 인간은 진정으로 해방될 수 있는 것이다.

이기주의와 쾌락주의는 궁극적으로 인간에게 행복을 가져다주지 못하였다. 아무리 가지려고 해도 전부 가질 수 없기에 폭력을 통한 소유의 투쟁으로 나아갔기 때문이다. 소유 양식의 삶에 함몰된 인간은 그 소유를 상실하는 순간, 극도의 불안감만을 느끼게 된다. 에리히 프롬은 현대사회가 새롭게 바뀌기 위해선 새로운 사회의 형성도 중요하겠지만 그 전제 조건으로 인간 자체의 변화가 요구된다고 말했다. 그리하여 현대인의 불안을 존재 양식의 삶을 통해서 해결하고

자 한다.[24] 존재 양식의 삶이란 어떤 것을 소유하고 갈망하는 것이 아닌, 자신을 긍정적으로 바라보아 세계와 하나가 되는 삶이다. 소유관계라는 것은 나와 세계의 대립을 전제로, 그 안에서 형성되는 것을 의미한다. 하지만 존재 양식의 삶은 나와 세계를 대립된 것이라고 판단하지 않는다. 세계와 나는 연결되어 있으며 모든 타인과 세계 만물에게 호의적인 관심과 사랑을 베풀어 서로의 성장에 도움을 준다. 우리 인간은 이러한 과정 속에서 궁극적인 존재의 충만과 행복을 느끼게 된다.

24   에리히 프롬, 《소유냐 존재냐》, 최혁순 옮김, 범우사, 1999, 5장 존재양식이란 무엇인가?

설국열차
태초에 열차가 있었다

"처음부터 자리는 정해져 있어.

나는 처음부터 앞좌석. 당신네들은 꼬리 칸!

당신들의 위치를 잘 알라고! 당신들 자리나 지켜!"

지구 온난화가 극심해진 먼 미래. 인류는 기술을 앞세워 지구 온난화 문제를 해결하고자 한다. 마침내 CW−7이라는 물질을 대기권에 살포하면 온도가 떨어질 것이라는 주장이 나오고, 각국 정부는 환경단체의 극심한 반대에도 불구하고 이를 강행한다. 하지만 그 결과 예측할 수 없는 대재앙이 도래하였다. 조금만 떨어지고 말아야 할 온도가 끝없이 떨어져 빙하기가 오고 만 것이다. 전 지구 상의 생물을 멸절시킬 정도로 온도가 떨어졌고, 수백억에 달하는 인류는 생존을 담보할 수 없게 되었다. 이때 유일하게 생존이 가능한 공간이 있으니 바로 '설국열차'이다.

봉준호 감독의 〈설국열차〉는 어떤 탈출구도 존재하지 않는 거대한 열차를 통해 자본주의 계급 체계를 우화적으로 표현하였다. 빙하기를 맞이한 인간이 생존할 수 있는 유일한 공간은 열차뿐이다. 열차 안에서만 생존이 보장되기에 이 열차는 절대적으로 유지되어야 하는 신과 같은 존재이다. 열차 바깥에서의 삶은 감히 상상하기 어렵다. 따라서 열차 안의 시스템은 최적의 효율성으로 유지되어야만 한다. 열차 안의 인간들은 제각기 자신의 위치에 따른 역할이 있으며, 그 역할이 충실히 수행되어야만 열차는 가장 이상적인 모습으로 안정화될 수 있다. 하지만 열차 내부의 체제에서 가장 억압받는 위치에 있는 꼬리 칸 사람들은 왜 자신들이 그러한 위치를 감내해야 하는지 의문이 들 수밖에 없다. 열차는 분명 인간이 만든 것이다. 인간은 열차의 주체이자 시스템을 지배할 수 있는 위치에 서야 하지만 어느 순간 위치가 뒤바뀌어 열차가 사람을 지배하기 시작한다. 인간이 살기 위해 만든 열차이지만 열차는 그들에게 닭고기 한 점조차 나눠 주지 않는다. 즉 철저하게 소외된 것이다. 꼬리 칸의 사람들은 열차 내 감옥보다 더 밑에 위치하는 자들이다. 그들은 법에 따른 처벌을 받을 자격도 없는, 하지만 언제든지 죽여버릴 수 있는 소외된 자들이다.

서양 정치의 근본적인 대당 범주는 동지―적이 아니라 벌거벗은 생명―정치적 존재, 조에―비오스, 배제―포함이라는 범주쌍이다. 정치가 존재하는 것은 인간이 언어를 통해 자신에게서 벌거벗은 생

명을 분리해내며, 그것을 자신과 대립시키는 동시에 그것과의 포함
적 배제 관계를 유지하는 생명체이기 때문이다. 벌거벗은 생명은 살
해는 가능하되 희생물로 바칠 수는 없는 생명, 즉 호모 사케르의 생
명이다.[25]

조르조 아감벤은 그의 저서 《호모 사케르》에서 꼬리 칸 사람들의
일상을 이야기했다. 호모 사케르, 다시 말해 벌거벗은 생명(조에)이란
정치권력에 의해 보호받지 못하는 자를 의미한다. 반면 정치적 존재
(비오스)는 권력에 의해 보호받는 자들을 말한다. 여기서 중요한 것은
정치적 존재는 언제든지 벌거벗은 생명이 될 수 있다는 가능성이다.
그 가능성은 막연한 공포심을 불러일으킨다. 안 그래도 불안한 내
삶이 조에로 전락해버린다면 더 힘들고 고단해질 것은 자명한 사실
이다. 이에 사람들은 스스로를 감시하고 훈육하며 비오스로 남기 위
해 애쓰게 된다. 하지만 그렇다고 하여 조에들이 완전히 법질서와 괴
리된 삶을 살아가는 것은 아니다. 꼬리 칸 사람들은 감옥에 갇힐 권
리도 없는 벌거벗은 생명이지만 분명 열차 내에서 살아가고 있다.

우리는 흔히 법이란 사회 구성원들을 보호하고 그들의 재산을 지
키기 위한 것으로 생각한다. 물론 인권은 불가침의 영역이며 소유권
은 절대적으로 보장받아야 한다. 국가권력은 법과 질서를 미리 상정

---

25   조르조 아감벤, 《호모 사케르》, 박진우 옮김, 새물결, 2008, p.45.

하고 그것을 지키기 위해 존재하는 것이다. 그러나 법질서라는 것은 어떤 예외 상태를 전제하고 있는 경우가 많다. 독일의 헌법학자 카를 슈미트에 의하면 주권이란 법을 만들 수 있는 권한을 의미하지 않는다. 도리어 법을 멈추어 비상사태(예외 상태)를 선포할 수 있는 권한을 의미한다. 슈미트에 의하면 국가가 극도의 혼란에 빠졌을 때 주권자는 스스로의 결단에 의해 새로운 규범과 질서를 창출하여 새로운 국가를 만들게 된다. 비록 그 결단이 나치스를 불러온다 한들 그것은 주권자의 의지이기에 정당화되는 것이다.

이때 중요한 것은 결단이 일어나기 전의 혼란스러운 상태이다. 극도의 혼란을 해결하기 위해 질서와 규범을 만든 것이므로, 혼란스러운 예외적 상태는 규범의 근거가 된다. 쉽게 말해 현재의 법질서가 전복되지 않기 위해서는 결단이 일어나기 이전의 끔찍한 상황에 대한 지속적인 환기가 요구된다. "과거와 같이 불안전한 상황으로 돌아가고 싶으냐?"를 지속적으로 강조하기 위해 그리고 새로운 결단이 일어나는 것을 막기 위해 끊임없이 예외 상태를 만들어 호모 사케르를 양산하는 것이다.

이러한 예외 상태의 상정은 법질서의 내부도 외부도 아닌 독특한 영역을 창출한다. 꼬리 칸 사람들은 분명히 열차 내부에 속해 있지만 동등한 시민으로 취급받지는 못한다. 마치 미등록 이주노동자 같은 존재이다. 분명 사회 안에서 살아가고 있지만 법질서의 외부에 존재한다. 그렇다고 하여 호모 사케르가 완벽하게 법질서에서 벗어난 삶을 살아가는 것도 아니다. 등록되지 않은 그들은 분명히 사회 안에서 살아가고 있다. 그들은 법의 외부에 존재하기에 그 어떤 폭력도 감내해야만 하고 괜찮은 일거리를 요구할 권리도 가지지 못한다. 만약 자신들에 대한 부당한 처분에 항거한다면 법질서와 국가권력은 그들을 구제해주기는커녕 잔인하게 응징해버린다. 이렇게 꼬리 칸에 있는 자들이 바로 호모 사케르이다.

꼬리 칸 사람들은 벌거벗은 생명으로서 한편으론 열차라는 질서에 배제되어 있지만 다른 한편으론 열차 체제에서 살아가고 활용된다. 작품의 말미에 커티스가 엔진을 점령하였을 때 윌포드(에드 해리스 분)는 다음과 같은 말을 한다. 열차가 유지되기 위해서는 균형이 필요하다. 하지만 비좁은 열차 안에서 균형은 자연스럽게 무너질 수밖에 없기에 임의로 혼란상을 만든다. 꼬리 칸 사람들이 과거부터 해왔던 수많은 저항 행위는 사실 윌포드와 길리엄이 고의적으로 만들어낸 상황이었다. 즉 열차 안의 인구수가 과잉됐을 때 일부러 극도로 혼란스러운 예외 상태를 만들어 반란을 유도한 다음, 반란을 진압하는 과정에서 사람을 죽여 균형을 유지하는 것이다. 결국 이들은 열차를 위해 언제든지 죽여도 되지만 결코 숭고한 희생으로 떠받들어질 수는 없는 생명에 불과한 것이다.

꼬리 칸의 사람들도 스테이크와 닭고기가 먹고 싶지만 열차 상부의 사람들은 그것을 나누어 주지 않으며, 꼬리 칸 사람들에게는 오직 어딘가 수상한 단백질블록만을 줄 뿐이다. 단백질블록의 실체가 바퀴벌레인지도 모른 채 그것을 열심히 먹는 꼬리 칸 사람들을 바라보며 우리는 일련의 죄책감을 느끼게 된다. 호모 사케르는 우리에게 끊임없이 죄책감을 일깨우는 존재이다. 수많은 사람이 고통받는 것을 눈앞에서 보지만, '아, 나는 일단 저기서 벗어났구나'라고 생각하며 안도하고 미안해할 뿐 행동하진 않는다. 그런데 아이러니하게도 꼬리 칸 사람들은 철저하게 버림받았기에 윤리적 우월성을 획득한다. 식인을 행하던 야만의 상태에서 팔다리를 내놓는 숭고한 희생을 통해 윤리적 정당성을 얻는 것이다. 결국 호모 사케르들은 저항을 결심한다. 희생 제의에 입각한 원시 신화를 토대로, 자신들이 행복해질 수 있는 길을 찾기 위해서, 커티스를 비롯한 수많은 사람은 반란을 일으켜 열차의 상부를 향해 나아간다. 하지만 그들 스스로 뚜렷한 확신을 가진 것 같지는 않다. 열차 상부에 도착한들 도대체 그들이 할 수 있는 것이 무엇일까? 남궁민수(송강호 분)의 생각처럼 열차를 폭파시키고 바깥으로 나가야 하는 것일까? 영화 초반에 한 죄수가 팔을 열차 밖으로 내밀자 팔이 7분 만에 얼어버린 장면이 등장한다. 하지만 남궁민수는 바깥세상의 기온이 올라갔다고 주장하며 열차 밖으로 나가자고 말한다. 과연 그의 말처럼 열차 바깥의 세상에서 생존하는 것이 가능할까? 아니 애초에 윤리적 우월성을 획득하게 해주는 신화와 같은 이야기가 가능이나 한 것일까?

우리는 흔히 어떤 문제에 대해 비판하는 자들에게 대안이 무엇이
냐는 질문을 던지곤 한다. 커티스도 같은 질문을 받는다. 열차 바깥
이 무엇인지, 대안이 무엇인지에 대해서 말이다. 커티스는 열차 최상
부인 엔진 칸에 도착하자 마자 열차의 창시자인 윌포드에게 설득당
한다. "열차의 바깥은 존재하지 않는다. 그 어떤 대안도 있을 수 없
다." 급기야 커티스는 열차를 움직이는 거대한 엔진 앞에서 신과 같
은 경외심을 느끼기에 이른다. 윌포드는 엔진을 파괴한 그다음은 존
재하지 않는다며 커티스에게 달콤한 제안을 한다. 열차의 리더가 되
라고 말이다. 하지만 커티스는 그곳에서 놀라운 사실을 알게 된다.
반란이 일어나기 전 열차 상층부의 사람들은 수시로 꼬리 칸에서 아
이들을 데려갔는데, 그 아이들이 하나의 엔진 부품처럼 일을 하고 있
었다. 엔진은 경이로운 것이지만 부품에 한계가 있기에 아이들로 대
체해버린 것이다. 아이들은 영혼을 잃어버린 듯 무감각하게 하나의
부품이 되어 엔진 안에서 자신의 역할을 수행한다. 이에 커티스는 열
차로 상징되는 체계 그 자체를 파괴하기로 결심한다.

〈설국열차〉는 철저하게 피라미드식 권력론을 주장하는 듯하다. 윌
포드라는 거대한 권력이 존재하며, 우리 모두는 그들에게 억압받고
조종된다는 것이다. 열차 안에서 있었던 모든 저항은 윌포드와 길리
엄(존 허트 분)이 임의로 만든 것이라는 말 자체가 이미 이러한 관점
을 내포한다. 마치 남궁민수의 선택만이 절대 진리인 것마냥, 빅브라

더[26]인 윌포드와 길리엄이 모든 걸 조작하고 관리하는 열차에서 벗어나야 한다는 관점이다. 하지만 이는 맹목적 진보에 입각한 계몽 정신과 다름이 없다. 이성의 빛에 의해 생겨난 근대적 문제점을 또 다른 이성의 빛으로 해결하려는 시도가 과연 어떤 의미를 가질 수 있을까? 새로운 이성의 빛을 통해 근대성의 폭력과 같은 또 다른 폭력을 불러올 가능성은 없는가? 모든 것을 권력과 계급의 문제로 환원시키려는 시도 자체가 또 다른 권력에 불과한 것은 아닐까?

설국열차는 거대한 체계와 계급만을 내세우기에 급급하여 개인의 삶을 완전히 놓쳐버린다. 그래서 수많은 사람들의 죽음은 단순하게 나열될 뿐 절실하게 다가오지는 않는다. 오늘날 빅브라더의 존재를 확인한다는 것은 사실상 불가능하다. 윌포드의 삶이나 메이슨(틸다 스위턴 분)의 삶을 악으로 규정하는 건 명백한 계몽의 한계이다. 사실 윌포드의 삶이 그리 좋아보이지도 않는다. 그는 홀로 상층부에 남은 채 지독하게 외로운 삶을 살아가고 있다. 혹자는 고기를 먹을 수 있기에 행복하지 않느냐고 말할 수도 있겠지만, 우리 삶이 꼭 그런 것만으로 결정되는 건 아니지 않는가? 기회주의적 인물인 메이슨의 삶을 비난할 수 있을까? 오히려 메이슨에게 비난하는 자들이야말로 속

---

26   영국의 소설가 조지 오웰의 《1984》에서 등장하는 용어이다. 빅브라더는 우리가 알 수 없는 숨겨진 권력자로서, 이들이 사회 전반을 지배하고 통제하고 있다는 음모론의 근간을 이루는 용어이다.

물이 되고 싶었지만 실패해버린, 끊임없이 속물이 되고 싶지만 어쩔 수 없이 빗겨난 자들 아닐까? 아니, 가장 근본적으로 우리는 커티스와 길리엄, 윌포드와 메이슨의 삶에 대해서 도대체 뭘 알고 있나?

이 작품에서 각각의 열차 칸들은 철저하게 규정된 이데올로기적 현상을 구성한다. 나의 경계와 너의 경계를 나누고 계급적으로 대립하는 것이다. 하지만 대립의 날이 날카롭게 서면 설수록 그 안의 인간은 사라진다. 인간을 위하는 척하지만 실제로 인간에 대해 말하지는 않는다. 수많은 매력적인 캐릭터의 삶은 어디에서도 확인할 수 없다. 이는 계급으로 환원되어버린 또 다른 근대적 동일성에 불과하다. 이 작품에서 열차 바깥이란 마치 또 다른 세상의 창조를 말하는 듯하다. 열차의 상층부로 나아가면 갈수록 크리놀에 중독된 마약쟁이가 수두룩하게 나타난다. 그들은 크리놀이 주는 환상에 사로잡힌 채 그 환상이 주는 편안함 속에 정주한다. 그리고 크리놀에 썩어버린 세상 속에서 새로운 신화가 탄생한다. '태초에 열차가 있었다'로 시작하는 이 이야기는 열차의 파괴와 함께 신인류의 시작을 알린다. 마치 거대한 권력에서 탈출에 성공한 듯이 말이다. 하지만 이 신화는 영웅신화에 불과하다. 그것도 지독한 엘리트주의에 빠져버린 계몽적 영웅신화인 것이다.

푸코에 의하면 권력은 사회의 모든 지점에서 침투하여 편재한다.

권력은 거대한 사슬과 같은 그물망 속에 분산되어 다양하게 존재하는 힘의 관계망이다. 따라서 권력관계는 나와 너 사이, 선생과 학생 사이, 부모와 자식 사이, 연인 사이 등 다양한 관계 속에서 확인된다. 각자는 모두가 억압하는 자이자 억압받는 자로서 자리매김한다. 단일한 집단, 단일한 계급은 존재하지 않으며, 오로지 각각의 점 사이에서 상호작용하는 저항만이 존재할 뿐이다. 하지만 영웅신화는 이러한 관점을 받아들이지 않는다. 도리어 폭압적인 사회 시스템을 이해하지 못하는 무지한 대중을 향해 '내가 너희를 계몽하겠노라' 외치며 새로운 신화를 위한 성전을 만들어버린다. 이는 모든 문제를 계급으로 환원시킨 뒤 마치 엔진의 지배층만 바꾸면 문제가 해결될 것이라 믿는 커티스와 같은 태도이다.

존재는 무수히 많은 층위로 이루어진다. 하지만 계몽적 사고방식은 수많은 존재자를 뭉뚱그려 버린다. 다양성과 차이 자체를 보지 못한 채 노동자와 계약직은 이래야만 한다는 식으로 접근해버리면 인간의 다양성을 놓치게 되므로 그 무엇도 해결할 수 없다. 우리 주변엔 꽤나 많은 비정규직자들이 존재한다. 이들 역시 하나의 호모 사케르로 볼 수 있을 것이다. 노동법이라는 법이 존재하지만 그 틀에서 벗어나는 자, 자유계약이라는 이름으로 법이 만들어낸 예외 상태. 이 모든 것은 성장과 파이론에 의해 정당화된다. 아니 어쩌면 이 말은 틀린 말일지도 모른다. 도리어 비정규직자의 존재는 저러한 인간이 되지 말아야 한다는 규정처럼 느껴진다. 이에 수많은 엄마가 아이에게 말하는 것 아닌가? "저런 사람이 되기 싫으면 공부 열심히 해야 돼!"

그런데 막상 비정규직자들과 대화를 해보면 '그럼에도 불구하고 살고 있다는 느낌'을 받는다. 그들 역시 사랑도 하고 결혼도 하고 해외로 신혼여행도 간다. 혹자는 계약직 주제에 투쟁하지 않고 여행을 떠난다고 비난하기도 하지만, 그럼에도 불구하고 살아야 할 것 아닌가? '혁명해야 한다' '저항해야 한다'는 계급적 당위는 또 다른 전체성을 불러올 수밖에 없다. 계급적 시각에서 사람을 바라보는 것은 하나의 일면만을 보는 것에 불과하다. 계급은 모든 호모 사케르들을 담아낼 수 없기 때문이다. 도리어 이면에 담긴 수많은 이야기는 그 사람에 대해 더 많은 걸 이야기하고 있다. 비록 그것이 남들 보기엔 비루해 보일진 모르겠지만 그 안엔 내가 알 수 없는 뚜렷한 가치가 있었다.

〈설국열차〉에서 열차는 전복되어버린다. 살아남은 두 아이는 어떻게 될까? 사실 모두 죽고 두 아이만 남은 상태에서 자본주의 그다음을 묻는 것은 큰 의미가 없다. 계급투쟁도 살아 있을 때 가치가 있는 것이다. 더욱이 신인류가 새로운 성전을 받든 채 살아남는다 한들 어떠한 형태로든 자본은 다시금 등장할 것이고, 이때의 자본은 과거의 열차와 마찬가지로 의지를 가진 채 자기 보존으로 나아갈 것이다.[27] 오늘날은 신자유주의적 사고방식 아래 다양성이라는 단어 자체가 동일성으로 환원되고 있는 상황이다. 다양성·창조성을 통해 폭압적인 자본주의 문화에서 벗어나야 한다고 주장하는 순간, 자본은 그것을 포섭하여 또 다른 상품으로 만들어버린다. 한때 체 게바라의 책이 유행처럼 번진 적이 있었다. 수많은 사람이 그의 삶과 생각에 공감하였지만 이 또한 자본에 포섭되어버린 현상에 불과한 것이다. 결국 진정한 의미의 다양성은 동일자로 환원되지 않은 다양성을 말한다. 따라서 〈설국열차〉가 제기한 문제 의식은 계급적 동일성의 너머에 있는 생성을 향해 나아가야 한다. 그리고 그 가능성으로서 김기덕을 바라본다.

---

27   자본이 가진 자기 보존 의지는 자본주의를 전복하려는 모든 시도와 저항을 포섭해버린다. 여성 근로자에게 출산 휴가를 주거나, 과한 노동시간에 대한 대가로 야간 수당을 주는 식으로 포섭하는 것이다.

11

피에타
소외된 자를 위한 성전

"내가 그 녀석 영혼까지 불태워 버렸어.

그런데 왜 이렇게 슬프니?

그놈도 불쌍해. 강도 불쌍해."

　김기덕은 한국 영화사에서 가장 문제적 인물 중 하나이다. 발표하는 작품마다 논란에 휩싸이고 심지어 국내에서는 개봉조차 불투명한 경우가 많다. 사실 김기덕은 한국 사회에서 비주류이자 비정상으로 낙인찍힌 감독이다. 하지만 그의 작품 세계는 해외에서 호평을 받으며 이를 근간 삼아 한국에서 명맥을 이어가고 있다. 우리 사회에서 김기덕을 바라보는 시선은 상당히 독특하다. 한편으론 이상한 영화나 찍는 괴물이지만 다른 한편으론 상이란 상은 다 쓸어오는 한국의 자부심이기도 하다. 이 미묘한 괴리감은 도대체 무엇일까? 김기덕이 보여주는 날것 그대로의 충격적 영상을 두고 혹자는 폭력성을 논하고, 또 다른 자는 자본주의의 폐해를 말하기도 한다. 하지만 모든 작품 속에 흐르는 한 가지 공통점은 바로 광기와 자연주의이다.[28] 다양한 폭력 속에 흐르는 광기를 자연주의 양식을 통해 표현하는 것이다. 이는 우리 안의 숨겨진 현실을 직시하게 한다. 즉 사회의 이면에 담긴 수많은 폭력을 충격적인 이미지를 통해 제시하여 냉혹한 현실을 알리는 것이다.

김기덕은 과거 2001년에 '네티즌과의 10문 10답'이라는 인터뷰를 하였는데, 그 안에는 상당히 흥미로운 대답이 담겨 있었다.

내 영화를 접할 때 저런 영화를 보면 세상이 선해지겠느냐 생각할 수도 있다. 하지만 나는 학력이나 재력 등을 가진 자와 못 가진 자가 가지고 있는 긴장감, 억압, 가진 자가 그렇지 않은 자들에게 가하는 억압, 그러지 못한 사람들이 그런 사람들에게 가진 이유 없는 굴종, 위기감 이런 것이 수평적이기를 바라는 거다. 〈파란 대문〉의 창녀와 여대생은 둘 다 똑같이 여자고, 존중되어야 할 삶의 개체다. 그렇다면 둘 사이에 필요한 것은 수평적 이해일 뿐, 창녀가 어느 날 창녀를 벗어나기를 원하거나 여대생이 어느 날 창녀가 되기를 원하는 것이 아니다. 진아란 여자가 거기서 창녀를 벗어나는 것이 무슨 의미가 있나. 그것이 하루아침에 이루어진 것이 아니고 수많은 시간이 쌓여 형성된 현실이라면 쉽게 바뀌지 않는다. 그렇다면 바뀌어야 할 것은 서로에 대한 오해가 풀리는 것, 서로를 이해하는 것이다. 내 영화가 당장 세상을 밝고 명랑하게 하지는 않겠지만, 아주 점진적으로, 바이러스처럼 번져서 사람들이 어떻게 전염되었는지도 모르게 감염되면 좋겠다.[29]

김기덕의 말처럼 수많은 시간이 쌓여 형성된 현실은 쉽게 바뀌지 않는다. 만약 그의 작품 결말이 화해를 통한 정상적인 삶의 영위로 나아갔다면 그것이야말로 영화적 환상에 불과하다. 흔히 사람들은 첫 단추가 중요하다고 말한다. 이는 시작이 잘못된 채 수많은 시간이 쌓이면 그 현실을 바꾸는 게 쉽지 않다는 것을 의미한다. "그렇게 살지 말고 더 나은 삶을 살아보는 건 어떻겠느냐?"라고 권하는 것만큼 웃기는 말도 없을 것이다. 그렇게 형성되어버린 현실을 급작스럽게 바꾸는 게 가능한 것일까? "너의 삶은 잘못되었으니 바꾸어라"라고 말하는 것은 사실상 정형화된 삶의 강요에 불과하다. 하지만 현실은 고정되어 있지 않을 뿐 아니라 그 이면에 숨겨져 꿈틀거리는 비루함이야말로 진짜인 것이다.

들뢰즈는 모든 존재자에겐 아직 드러나지 않은 무한한 잠재성이 내포되어 있다고 말했다. 잠재성은 눈에 보이진 않지만 분명히 숨겨져 있는 가능성을 가리킨다. 모네는 연꽃과 루앙 대성당의 그림을

29   http://www.cine21.com/news/view/mag_id/2466

상당히 여러 번 그렸다. 인상파 이전의 사람이라면 연꽃과 대성당의 모습을 개념적으로 접근하여 똑같이 그리려 애썼겠지만, 모네는 같은 대상 안에 잠재되어 있는 차이를 바라보았다. 우리의 삶은 끊임없는 반복으로 이루어져 있다. 하지만 이 반복은 동일한 것의 반복이 아닌 차이의 반복이다. 같은 음악을 듣더라도 그것은 항상 다르게 연주된다. 같은 노래이지만 항상 어떤 차이를 가진 상태로 반복되는 것이다.

하지만 우리는 대개 차이의 반복을 차이 없는 반복으로 바꾸어 동일한 것으로 바라본다. 나라는 사람은 지속적으로 차이의 반복을 수행하지만 언제나 동일한 사람으로 여기며, 루앙 대성당 역시 시시때때로 달라지는 차이의 반복을 보여주지만 하나의 개념 속에서 동일하게 여긴다. 결국 동일성이라는 것은 잠재성을 제거해버린 것에 불과하며, 사람을 있는 그대로 바라보기 위해서는 개념에서 벗어나 끊임없이 변화하고 생성하는 잠재성을 보아야 한다. 김기덕 영화의 내밀한 힘은 바로 이 잠재성에서 찾을 수 있다. 어떤 도식을 통해 보고 싶은 것만을 보여주는 것이 아닌, 있는 그대로의 냉혹한 현실이 드러나는 잠재성의 세계 안에서 현실을 직시하는 것이다.

〈피에타〉는 감독 스스로가 말했듯 돈 중심의 세태를 재고해보는 작품으로, 충격적인 이미지와 폭력을 통해 자본주의의 속살을 드러낸다. 강도(이정진 분)는 청계천에서 기계공 노동자들에게 돈을 빌려

주는 사채 해결사이다. 피붙이 하나 없이 외롭게 자라온 그는 끔찍하고 잔혹한 방법으로 노동자들에게 돈을 뜯어낸다. 돈을 빌려 주면서 미리 상해보험에 들게 한 이후 원금의 열 배가 넘는 이자를 부과한다. 만약 공장 노동자들이 그 돈을 갚지 못한다면 임의로 손이나 다리를 잘라버리고 보험금을 받아내게 해 빚을 충당한다. 그러던 그에게 어느 날 자신이 엄마라고 주장하는 미선(조민수 분)이 등장한다. 강도는 처음엔 미선을 의심하지만 곧 그녀가 자신의 엄마임을 받아들이고 그 후 그녀에게 무섭게 빠져든다.

들뢰즈는 우리 주변에 존재하는 모든 것을 기계로 바라본다. 기계는 '흐름의 절단 체계'를 의미하는 것으로, 세상 모든 것은 나름의 체계를 가지고 있기에 전부 다 기계로 바라볼 수 있다. 여기에서 기계란 국가기계, 법기계, 폭력기계, 사랑기계, 문학기계, 전쟁기계 등 모든 유형의 것, 무형의 것, 추상적인 것에 가져다 붙일 수 있는 개념이다. 하지만 기계는 변화할 수 없는 경직된 것을 의미하지는 않으며, 도리어 새로운 것과의 연결을 통해 완전히 다른 것으로 바뀔 수 있는 다양체를 의미한다. 다시 말해 무엇과 연결되느냐에 따라서 완전히 다른 기계가 될 수 있다는 것이다. 이것이 의미하는 것은 불변하는 본질 따위는 존재하지 않으며, 무엇과 만나느냐에 따라서 끊임없이 바뀔 수 있는 가능성만이 있다는 것이다.

강도는 그의 이름이 가지는 의미처럼 자본이 만들어낸 하나의 폭력기계이다. 지독한 외로움 속에서 살아온 그는 자신의 잠재성을 폭력으로 내몬다. 잠재성의 세계는 오로지 냉혹한 현실만을 드러낸다. 잠재성의 세계는 긍정적인 가능성의 세계일 수도 있지만 반대로 강도와 같이 한없이 부정적인 모습으로 나타날 수도 있다. 그가 행하는 폭력은 자연주의적 양식으로 잔혹하게 그려진다. 다리를 아스러뜨리고 손목을 짓이긴다. 영화 초반, 강도는 돈을 수금하기 위해 찾아간 곳에서 남자의 손목을 부숴버린다. 남편을 위해 자신의 몸을 팔아 시간을 연장해보려는 부인의 표정 속에는 수많은 현실이 담겨 있다. '왜 이렇게 돼버렸을까?'라는 과거, '앞으로의 미래는 어떻게 될까?'라는 절망, 벌거벗은 자신에 대한 수치. 하지만 그 시도는 실패하고 인격적 모멸감과 장애만을 안게 된다.

강도가 남편의 팔을 작살내 버리자 그의 부인이 울부짖으며 말한다. "이 쓰레기 새끼, 천벌받을 거야!" 이에 강도는 답한다. "남의 돈 빌려 써놓고 설마 어떻게 하겠어? 하는 너희가 쓰레기지." 이 말은 강도가 스스로를 정당화하기 위한 수단이자 자본적 훈육의 흔적이다. 흔히 잠재성의 예로 긍정적인 측면의 발현만을 이야기하는 경우가 많은데 꼭 그런 것만은 아니다. 도리어 마약중독자의 텅 빈 신체가 될 수도 있고 마조히스트의 신체가 될 수도 있다. 들뢰즈는 자본적 훈육의 흔적을 마조히스트의 신체를 통해 확인했다. 대상을 길들이기 위해 억압과 고통을 가하는 과정에서 그 대상은 사육되어버린다는 것이다. 어쩌면 자본주의 자체야말로 하나의 거대한 폭력기계일지도 모르겠다. 마치 짐승을 사육하듯이 고통을 재생산하여, 사람들을 폭력기계로 길들여가는 것이다. 폭력기계인 강도는 우리 모두에게 내재된 하나의 잠재성이다.

그럼 청계천 사람들은 어떤 사람들일까? 그들도 처음부터 쓸모없는 인간으로 분류된 사람들일까? 그렇게 보기는 힘들다. 그곳은 한국이 근대화를 빠르게 이룩하는 데 큰 역할을 수행한 곳이기 때문이다. 그들은 근대화 과정에서 살아남기 위해 발버둥 친 기술기계이다. 마치 시계 부품처럼 시스템의 일부가 되어 열심히 살아온 기술기계들은 자본의 노예가 되어버린 슬픈 인간이다. "여기 청계천이 곧 없어져. 열여섯에 여기와 벌써 50년이 됐네. 곧 여기도 저기처럼 빌딩이 들어서겠지." 강도에게 돈을 빌린 어떤 기술기계는 시원하게 돈 한번 써보고 죽으려 했다며 자살을 한다.

청계천은 존재하지만 존재해서는 안 되는 공간이다. 그곳을 지배하던 코드 자체가 눈부신 경제성장 앞에서 의미 없음으로 규정되자 그곳은 쓸모없는 공간으로 폐기된다. 문제는 청계천이라는 공간에서 살아가던 사람들도 함께 폐기된다는 점이다. 수많은 기술기계가 자신을 먹여 살리던 차가운 기계에 의해 신체가 절단되어 세상으로부터 슬픈 자유를 얻어간다. 실제로 청계천이 철거될 당시 그들은 수많은 폭력기계 앞에서 살아남기 위해 몸부림쳤지만 철저히 외면되었다. 그곳이 철거된 이후 그들은 어디로 갔을까? 어느 누구도 알지 못한다. 그들은 존재해서는 안 되는 존재이기 때문이다.

어느 날 강도에게 미선이란 여자가 찾아와 자신이 엄마라고 주장한다. 처음엔 미친년 취급했지만 자신의 주변을 어슬렁거리며 다가오는 그녀는 강도의 존재를 뒤흔들어 놓는다. "당신이 진짜 날 버린 엄마 맞아? 그래? 엄마로 받아줄까? 말해봐. 이 씨발년. 엄마 없이 30년 산 사람한테 장난치고 있어. 넌 내 눈앞에 띄면 가리가리 찢어 죽여버릴 거야. 사람 흔들어놓고 뭐? 뭐?" 강도는 항상 다트 위의 여자 그림에 칼을 꽂아 넣는다. 이는 엄마의 부재에서 비롯한 결핍과 분노의 표현으로 볼 수 있다. 하지만 엄마라고 주장하는 여자가 나타나자 강도는 흔들린다. 어쩌면 나에게도 엄마가 있었고, 엄마를 가질 수 있다는 가능성 앞에서 흔들리는 것이다. 어렸을 적 너무 무서워 너를 버릴 수밖에 없었노라고, 너를 버려서 미안하다고 말하는 미선과의 관계를 통해 강도는 조금씩 바뀌어간다.

들뢰즈의 욕망은 수동적 종합으로서 순전히 나에게 속한 것이 아니라 타인과의 관계에서 비롯하는 것이다. 우리는 타인과의 우연한 만남을 통해 새로운 무엇으로 바뀌어간다. 즉 욕망은 새로운 사람과의 만남을 통해 끊임없이 바뀌어나가고자 하는 긍정적인 생성의 힘이다. 이러한 욕망은 무엇과 연결되느냐, 어느 정도의 강렬함을 가지느냐에 따라서 달라진다. 예컨대 길에서 스쳐 지나가는 사람과의 만남은 강렬함이 낮기에 내가 새로운 사람으로 바뀔 가능성은 상당히 낮다. 하지만 사랑하는 사람과의 만남은 아주 큰 강렬함이므로 완전히 다른 사람으로 바뀔 가능성이 대단히 높아진다. 이를 통해 알 수 있는 건 사람 사이의 관계 망이 조금만 바뀌어도 완전히 다른 사람으로 바뀔 수 있다는 점이다.

하지만 만약 이때 억압이 발생한다면 사람은 결핍을 경험하게 되어 왜곡된 모습으로 고정되어버린다. 예컨대 엄마의 젖을 빠는 아이를 억지로 떼어놓으면 어떻게 될까? 아이는 강한 결핍을 느껴 욕망의 대상을 젖꼭지로 고정시켜버린 채 연필이나 엄지손가락을 지속적으로 빨게 될 가능성이 다분해진다. 들뢰즈에 의하면 결핍이란 임의적인 억압에 의해서 특정한 욕망의 대상에 집착하게 되었을 때 생기는 현상이다. 즉 결핍으로 인해 아이는 엄마만을 바라보는 편협한 사람으로 고정되어버리는 것이다. 하지만 젖을 빠는 아이를 억지로 억압시키지 않고, 엄마 젖에서 다른 무엇으로 자연스럽게 연결되도록 내버려 둔다면 아이에게 결핍은 생기지 않을 것이다. 그리고 아이의 욕망은 결핍이라는 부정적인 상태가 아닌 끊임없이 새로운 것과 연결하려는 긍정적인 욕망으로 바뀌게 된다.

엄마와의 만남 이후 처음으로 간 작업 현장에서 강도는 이전과는 다른 모습을 보인다. "왜 안 해? 뭐하는 거야? 나 병신 돼야 돼. 나 병신 돼서 우리 자식을 부족함 없이 키워줘야 된다고. 그러니까 빨리 해줘, 병신 만들어줘!" 병신으로 만들어달라고 외치는 쓸모없는 기술기계는 자식을 위해서 자신을 폐기해버리고자 한다. 아이를 위해서 자기가 병신이 되어야 한다고 말하는 젊은 노동자를 바라보며 강도는 흔들린다. "도대체 저러는 이유가 뭘까? 뭘 믿고 '부모라면 자식을 위해 당연히 그러지 않느냐? 아마 당신 부모도 그랬을 것'이라고 말하는 걸까? 나의 부모는 그러지 않았는데." 강도의 표정 속에 드러난 이러한 의문을 두고 들뢰즈는 사유의 비자발성이라 말한다. 이는 우연히 마주친 이미지로 인해 정답 없는 사유로 빠져드는 것을 의미한다.

자녀를 위해 병신이 되는 길을 선택한 젊은 노동자에게 뭐라고 할 수 있을까? 두 팔을 절단해 얻은 푼돈으로 네 아이를 행복하게 해 줄 수 있을 거라고 생각하느냐고 반문이라도 해야 할까? 강도는 그의 삶을 놓고 "너는 자식을 돌볼 수 없는 실패자다" 아니면 "너는 자식을 위해 팔을 내놓을 수 있는 행복한 사람이다"라고 감히 말할 수 없다. 강도에게 보이는 것은 오직 멍하니 바라볼 수밖에 없는 하나의 사건이다. 뭔가 슬프긴 한데 왜 슬픈지 그 이유는 알 수 없다. 어차피 그 젊은 노동자의 삶에 대해서 강도가 아는 것은 아무것도 없기 때문이다. 단지 강도가 할 수 있는 것은 사유하는 것뿐이다. 왜 저렇게 돼버린 건지 정답을 알 수 없는 생각 속으로 빠져드는 것이다.

젊은 노동자와의 만남 이후 강도는 미선을 받아들인다. 극한의 외로움 속에서 엄마라는 존재와의 관계 맺음은 실로 어마어마한 강렬함을 발생시켜, 강도는 질적으로 변화한다. 강도는 조금씩 삶에 대한 애정과 사랑에 잠식되어간다. 명동에서 엄마와 데이트를 하며 함께 먹는 음식, 길에서 나눠 주는 풍선. 이 모든 것에서 아이 같은 모습을 보여주는 강도는 행복에 잠식된다. 이 얼마나 아이러니한 장면인가? 한 치의 인정도 없어 보이던, 악마와 같았던 폭력기계에게 이런 모습이 있을 줄이야? 이렇듯 하나의 존재는 단순하게 동일성으로 바라보기 힘든 측면이 분명히 존재한다. 비록 그것이 어떤 식으로 실현될지는 알 수 없지만 잠재성은 분명 변화를 이끌어낼 수 있다.

하지만 명동에서의 데이트 장면을 본 다리병신이 된 채무자가 강도에게 복수하기 위해 몰래 뒤쫓아 온다. 그리고 미선에게 칼을 들이대며 협박한다. 이에 강도는 점차 불안감에 빠져든다. 행복과 사랑을 느껴보았기에 그것을 잃어버릴 것 같은 불안감이다. 단 한 번도 가족을 가져본 적이 없었던 그는 엄마에게 깊이 빠져든다. 이제껏 누리지 못했던 사랑을 단 한 번에 다 확인하려는 듯이 말이다. 그의 욕망은 집착으로 바뀌어간다. 그런데 알고보니 미선은 그의 엄마가 아니었다. 미선은 강도가 죽인 상구라는 채무자의 어머니로서, 복수를 하기 위해 접근한 것이었다. 강도의 변화는 미선의 복수라는 그물망 안에서 이루어진 것에 불과하기에, 무언가에 포획된 채 발버둥 치는 한 마리의 고기 같은 느낌을 자아낸다. 마치 자기가 잡아먹었던 닭과 장어가 보여준 몸부림처럼, 강도가 발악하면 할수록 그물은 그의 살을 찢어 들어간다.

미선은 강도에게 가족의 소중함을 가슴 깊이 새긴 이후 살해되는 것처럼 위장하여 그의 눈앞에서 자살하려고 한다. "상구야. 오래 기다렸지? 이제 놈의 영혼은 죽을 거야. 제 눈앞에서 내가 죽으면 가족을 잃은 고통으로 빈껍데기만 남고 미쳐서 살아가겠지. 근데… 근데 왜 이렇게 슬프니? 상구야 미안해. 이럴 마음이 아니었는데… 놈도 불쌍해… 강도 불쌍해…." 엄마가 누군가에게 살해되는 줄 안 강도는 무릎을 꿇고 빈다. 자기가 잘못했노라고, 용서해달라고, 제발 엄마를 살려주고 나를 죽여달라며 너무나도 간절하게 애원한다. 미선은 강도에게 새로운 희망과 가치를 안겨준 뒤 그의 모든 것을 파괴해버린다. 잔인한 복수 앞에서 강도는 자신이 팔을 잘라버린 피해자의 차에 매달려 온 도시를 피로 물들이며 속죄한다.

마지막에 미선이 강도를 보며 느낀 동정의 시선은 그 역시 자본주의 사회에서 쓸모없는 존재로 낙인찍혀 버린 불쌍한 존재라는 것을 깨달았기 때문일까? 미선이 복수를 위해 강도에게 접근한 것은 강도가 지독하게 악한 인간이라고 결론 내렸기 때문이다. 미선은 스스로에게 물었을 것이다. '왜 내 아들은 죽어야만 했는가? 아무런 잘못도 없는데….' 이 질문은 정답을 미리 전제한 질문이다. 뭔지 모르겠지만 원인은 분명히 있다는 인과성의 질문인 것이다. 그리고 모든 악의 근원은 강도에게로 돌아간다. 그런데 막상 강도와 생활을 하다보니 강도의 또 다른 층위가 미선의 눈에 보이기 시작한다. 폭력기계만으로는 설명할 수 없는 새로운 인간이 보이기 시작한 것이다. 어쩌면 강도야말로 가장 불행한 존재일지도 모른다. 광기의 시대를 맞이하여, 단 한 치의 사랑도 느껴보지 못한 채, 자신의 소중함을 알지도 못한 채 그렇게 폭력기계로서 살아왔기 때문이다. 강도는 미선에 의해 죽게 되지만 어쩌면 미선에 의해서 살게 된 것으로 볼 수 있을 것이다.

세상엔 마이너스와 플러스, 낮과 밤, 남과 여 등의 대립적 체계가 있다. 그 체계 속에서 대립적인 두 가지가 충돌하여 트러블을 일으키면서 역사가 흘러간다. 그런 범주 안에서 인간과 인간이 치열하게 부딪치며 살아가지만 그것이 수평적인 트러블로 이어졌으면 좋겠다는 것. 개인은 진동처럼 치열한 오르내림, 높낮이가 있지만, 멀리서 부감으로 보면 수평적으로 진행되는, 그런 것을 원하는 거다. 어느 한순간 한 가지 에너지, 즉 낮이 밤을 지배하거나 남자가 여자를 지배하거나 한다면 무슨 의미가 있나.[30]

서로가 부딪치며 살아가는 수평적 트러블의 관계란 동일성에서 벗어난 삶으로 볼 수 있다. 인간과 인간도 치열하게 부딪치지만 자신 안에서도 치열하게 부딪치고 있다. 그럼에도 누군가를 고정된 무엇으로 규정한다는 것은 새로운 창조의 가능성을 말살한다. 이에 들뢰즈는 되기(becoming)의 문제를 제시했다. 동일성에 포획되는 것이 아니라 욕망의 흐름을 자유롭게 내버려 두어 무한에 가까운 가능성을

30   http://www.cine21.com/news/view/mag_id/2466

형성하는 것을 말한다. 우리에게 김기덕의 영화는 하나의 특이성이다. 절대로 모방할 수 없는 단 한 번의 사건과 같은 그의 예술은 모든 동일성으로부터 해방될 수 있는 하나의 가능성을 제시한다.

김기덕이라는 한 인간의 특이성과 그가 전해주는 지독한 예술을 있는 그대로 받아들일 수 있다면 그 강렬함으로 인해서 새로운 변용의 가능성이 열리게 된다. 자연주의적 표현 양식은 바로 이것을 위해 존재한다. 도대체 이해할 수 없는 개념 바깥에 존재하는 극단적인 타자를 제시하여, 동일성의 언어가 아닌 상대방의 언어로서 바라보는 것이다. 그가 제시한 이미지는 우리로 하여금 강제적인 사유로 나아가게 한다. 도대체 이해할 수 없는 우연적이고 폭력적인 이미지는 우리에게 그 의미를 찾도록 만든다. 그렇게 무한히 생성할 수 있는 힘에서 '자본적 폭력에서 벗어날 수 있는 진정한 가능성'을 확인할 수 있다.

지구를 지켜라
잉여 인간의 숭고함

"무지개 저 너머 어딘가에 파랑새는 날아다니지만

왜 나는 그곳으로 날아갈 수 없을까?

행복한 작은 파랑새는 무지개 너머로 날아갈 수 있는데

왜 나는 갈 수 없을까?"

하나의 유령이 배회하고 있다. 잉여라고 불리는 이들은 모든 곳에 흩어져 존재하고 있지만 마치 존재해서는 안 되는 유령처럼 언저리를 떠돌고 있다. 그들이 자신의 존재를 내세울 수 있는 곳은 오직 인터넷뿐이다. 인터넷에서 그들은 활발하게 활동하며 문화를 창조하고 있다. 그렇지만 현실 세계에서 그들을 찾는 건 상당히 어려운 일이다. 무능하고 쓸모없는 인간으로 결정되어버린 그들이 인터넷 세계에서 벗어나 현실 세계로 나아간다는 것은 거의 불가능한 일에 가깝기 때문이다. 지크문트 바우만에 의하면 잉여 인간은 질서 구축과 경제적 진보의 과정에서 생겨난 일종의 부작용이다.[31] 경제적 진보를

---

31   지그문트 바우만, 《쓰레기가 되는 삶들》, 정일준 옮김, 새물결, 2008.

위한 새로운 질서의 구축 과정에서 적합하지 않다고 판단된 존재는 쓸모없는 것으로 여겨져 폐기된다. 오늘날 국가는 더 이상 시민들을 보호하지 않는다. 도리어 국가는 시장을 보호하기 위해 애쓰며, 시장의 불확실성이 만들어낸 쓰레기를 효율적으로 폐기 처분하기 위해 노력한다. 우리 사회에서 잉여라고 불리는 사람들은 어쩌면 더 이상 필요 없다고 규정되어버린 것에 불과할지도 모른다.

장준환 감독의 〈지구를 지켜라〉는 버림받은 인간의 삶을 잘 보여준다. 봉구(신하균 분)는 강원도 태백시에서 살아가는 잉여로서 안드로메다에서 온 외계인이 곧 지구를 점령할 것이므로 개기월식이 일어나기 전에 안드로메다 왕자를 만나야 한다고 생각한다. 그래서 순이(황정민 분)와 함께 외계인의 수장이라 생각하는 강 사장(백윤식 분)을 납치하여 안드로메다 왕자를 만나게 해달라고 요구한다. 강 사장은 이 상황이 너무 어이없을 뿐이다. 갑자기 안드로메다는 무슨 말인지, 왜 저 미친놈은 날 잡아다가 고문을 하는지 도대체가 이해할 수 없다. 봉구는 이런 강 사장을 정말 잔학하게 고문한다. 발등을 때타월로 피가 나도록 빡빡 민 뒤 물파스를 바르고, 텔레파시를 막겠다고 머리를 빡빡 밀고, 심지어 눈에다 물파스를 바르기도 한다. 이런 봉구는 정말로 미친놈인 걸까? 그리고 봉구 옆에 바싹 붙어 오빠라고 부르며 따르는 순이는 도대체 뭐하는 애일까?

바우만에 의하면 잉여는 의미론상 불량품, 폐기물, 찌꺼기와 같은 공간을 점유한다. 이 작품의 배경인 태백시와 봉구, 순이 역시 같은 공간을 점유한 채 잉여가 되어버린 도시와 인물에 대해서 많은 것을 이야기해준다. 한때 태백시는 12만 명이 넘는 사람들이 희망을 찾아 들어온 곳이었다. 광산 일은 힘들어도 미약하나마 자신의 가치를 인정받을 수 있는 공간이었다. 한마디로 광산에 들어온 그들은 산업의 역군이었고 충실한 가장이었다. 근대화 초기만 하더라도 인구수는 경쟁력이었다. 많은 노동력이 필요했고 많은 땅을 정복해야 했기에 더 많은 인구는 더 큰 부를 의미했다. 하지만 근대화가 끝나버리자 그들의 위치는 상당히 모호해진다. 더 이상 상업성을 유지하기 힘든 광산에서 일하는 그들은 산업의 역군에서 잉여로 전락한다.

순이 역시 마찬가지다. 그녀는 서커스에서 줄을 타는 묘기꾼이다. 마땅히 놀잇감도 없고 교통도 발달하지 않았던 시절, 서커스는 접근하기 힘든 곳에 있는 마을을 찾아가 사람들에게 기쁨과 재미를 준 존재였다. 하지만 이들 역시 근대화 과정에서 쓸모없는 존재로 전락해버린다. 도로가 깔리고 교통이 발달하자 사람들은 놀이공원으로 달려가 온갖 기계로 점철된 근대적 놀이기구에 열광하기 시작한다. 사람들은 더 이상 아슬아슬한 묘기에 흥미를 보이지 않는다. 도리어 기계에 몸을 맡긴 채 중력을 거스르는 희열에 열광하게 된 것이다. 결국 광산이든 서커스든 잉여로 규정된 모든 것은 버려도 무방한 것을 의미한다.

쓰레기의 분리와 파괴는 현대적 창조의 비법이 되었다. 여분의, 불필요한, 쓸모없는 것을 잘라버림으로써 아름답고 조화로우며 만족스럽고 좋은 것이 나타나게 된다는 것이다.[32]

오늘날 잉여 인간은 호모 사케르와는 약간 다른 양상을 보여준다. 호모 사케르는 권력이 임의로 배제시켜버린 사람들이지만, 잉여들은 경제 발전의 과정에서 자연스럽게 생겨난 부산물로서의 쓰레기이다. 마치 아름다운 조각을 하기 위해서 필연적으로 나올 수밖에 없는 돌무더기 폐기물처럼, 아름다운 사회를 구축하기 위해 내몰린 쓰레기가 바로 병구와 순이 그리고 태백시인 것이다. 잉여 인간으로 규정되는 것은 '너는 더 이상 필요 없는 존재이고 너는 그냥 없는 것이 훨씬 더 나을 것 같다'는 말과 다를 것이 없다. 즉 너만 없어진다면 훨씬 더 아름답고 조화로우면서 만족스러운 것이 나타난다는 뜻이다. 차라리 없는 게 더 나은 존재들은 애써 외면되어 존재하지 않는 것처럼 치부된다.

조지 레이코프는 언어가 담론을 결정한다고 말하였다.[33] 한 사회에는 그 사회를 지배하는 여러 가지 룰이 존재하고 그 룰은 일종의

---

32   지그문트 바우만, 《쓰레기가 되는 삶들》, 정일준 옮김, 새물결, 2008, p.50.
33   조지 레이코프, 《코끼리는 생각하지 마》, 유나영 옮김, 삼인, 2008.

프레임이 되어 우리의 뇌리 속에 깊이 박혀버린다. 미국 대통령들의 연설문을 유심히 보면 특정 단어가 반복, 강조되는 것을 확인할 수 있다. 이는 하나의 프레임을 이룬다. 예컨대 통일이라는 단어를 외국인이 본다면 아무런 감흥을 못 느끼겠지만 한국인이 본다면 뭔가 가슴 벅차오르는 그런 느낌을 가지게 된다. 배고픔이라는 단어는 어떠할까. 이 단어는 아마 세대에 따라서 다르게 각인될 것이다. 노년층은 이 단어를 보는 순간 아주 큰 고통과 서글픔, 슬픔을 느끼겠지만 젊은 층은 그냥 동정 정도에 불과할 것이다. 이것이 바로 말의 덫이라는 것이다.

프레임은 특히 가부장제에서 큰 역할을 수행한다. 가부장적 사회의 특징은 아버지의 절대성에서 찾을 수 있다. 가장이 식구들을 책임진다는 생각이나 식구들을 올바른 길로 이끈다는 생각이야말로 가부장적 사회를 잘 설명하는 부분이다. 이러한 프레임이 지배하는 사회는 권위를 중시하는 특징이 있다. 가정에서는 아버지의 권위가 중시되며 정치에서는 특정 지도자의 권위가 중시된다. 우리 머릿속 깊숙이 박혀 있는 가부장적 프레임은 권위에 대한 도전을 감히 생각할 수 없도록 만든다. 예컨대 '무능하고 지킬 수 없다'는 발언은 사람들로 하여금 무능한 가장의 모습을 떠올리게 하며, 이러한 가장의 모습은 가부장적 사회에 있어 바람직한 모습이 아니기에 이에 대한 거부로 이어지는 것이다.

강 사장은 병구의 집에서 탈출하려다 병구의 과거 일기장을 보게 된다. 누구에게도 보일 수 없는 그 일기장엔 버림받은 태백시에서 살아가던 수많은 잉여 인간의 삶이 들어 있었다. 병구의 아버지는 광산에서 성실하게 일하며 행복한 가정을 일구었지만 광산에서 사고를 당해 그만 다리를 잃어버린다. 그는 더 이상 아버지의 역할을 할 수 없다는 자괴감에 폭력을 일삼다 작은 우산이 머리에 박혀 죽어버린다. 자신을 지켜주던 아버지가 사라진 병구는 학교에서 가난하다는 이유로 선생에게 폭행과 인격적 모멸을 당한다. 그러던 어느 날, 어머니를 괴롭히던 동네 건달에게 분노를 느껴 칼로 찌르게 된다. 이 때문에 교도소에 간 봉구는 교도관에게 지속적으로 폭행당한다. 게다가 봉구가 좋아했던 여인은 강 사장이 운영하는 유제화학에서 일하던 노동자였는데 불합리한 대우에 저항하다 용역 깡패에게 맞아 비참하게 죽는다.

병구는 아버지의 절대성과는 상당히 거리가 먼 인물이다. 무능한 그는 철저하게 버림받는다. 하지만 이러한 현실은 일기장에만 쓸 수 있을 뿐 절대로 말해선 안 된다. 아름답고 행복한 대한민국을 위해 아홉 시 뉴스도 라디오 뉴스도 빈민가에 살아가는 험하고 더러운 잉여들을 애써 외면한다. 더 이상 쓸모없어진 인간은 처리되어야 할 존재이다. 그리고 이들을 처리하는 전문가들은 합리적 지식과 권위라는 이름으로 현대사회의 영웅이 된다. 그들의 삶에 눈물 한 방울을 흘려 동정해줄 수는 있지만 그들이 잉여가 되는 것을 막지 않는다.

어차피 눈물 한 방울로 나의 미약한 죄책감을 해결할 수만 있다면 그다음 일은 이 시대의 영웅들이 알아서 해결해주기 때문이다.

흥미로운 건 이러한 잉여들은 인터넷에서 활발하게 자신의 존재를 드러낸다는 점이다. 루저 문화 따위로 표현되는 다양한 형태의 문화가 인터넷 사회를 지배한 채 자신은 여전히 존재하고 있다며 외친다. 외계인에게 집착하는 병구의 모습을 통해 루저 문화의 전형을 읽어낼 수도 있을 것이다. 먹고사는 문제와는 아무 상관없는, 쓸모없어 보이는 것에 집착한 채, 인터넷에서 잉여 짓을 하는 인간이야말로 병구의 전형인 것이다. 하지만 그들은 존재한다. 숨 쉬고 있다. 가장 철저한 비밀이지만 가장 광범위하게 관심받고 있는 존재이다.

쓰레기 더미 없는 예술 작업장은 없다. 그러나 이 말이 쓰레기를 창조 과정의 필수 불가결한 요소로 만든다. 또한 쓰레기에 경외감을 자아내게 하는 실로 마법적인 힘을 부여한다. 쓰레기는 신성한 존재인 동시에 사악한 존재인 것이다. 쓰레기는 모든 창조의 산파인 동시에 극히 가공할 만한 장애물이다. 쓰레기는 숭고하다.[34]

잉여 인간을 대하는 태도는 뚜렷하게 대조되는 두 가지로 나뉜다. 하나는 무능하고 폐기되어야 하는 경멸이며, 다른 하나는 은근한 경

---

34   지그문트 바우만, 《쓰레기가 되는 삶들》, 정일준 옮김, 새물결, 2008, p50.

외이다. 경멸과 경외는 반대 선상에 있는 듯하지만 둘 다 잉여 인간의 폐기를 정당화한다. 경멸에 대해선 이해하기 어려울 것이 없을 것이다. 그렇다면 잉여 인간을 향한 경외는 도대체 무엇일까? 이는 나치 당시 독일인이 유대인을 대하는 태도에서 확인할 수 있다. 당시 유대인을 대하는 태도는 크게 두 가지로 나뉘었다. 하나는 돈밖에 모르는 벌레나 다름없다고 여긴 경멸이었으며, 다른 하나는 유대인의 돈과 지식을 부러워하는 은근한 경외였다. 이러한 경외 역시 유대인의 말살을 정당화시켰다. 간단히 말하자면 유대인은 돈과 지식을 가진 자들이기에 가난한 독일인의 일자리를 빼앗는 자들이다. 따라서 한편으론 부럽지만 다른 한편으론 우리를 괴롭히는 악마 같은 자들인 것이다. 이에 유대인들을 없애버려 그들이 가지고 있는 것을 빼앗으면 가난한 독일인은 훨씬 나은 삶을 살 수 있을 것이다.

우리가 꿈꾸는 유토피아를 이루기 위한 필수 요소는 바로 타인에 대한 과장이다. 사실 유대인이라는 집단이 전부 다 부자일 리도 만무할 테고, 우리가 흔히 생각하는 전형적인 유대인이라는 인간상 역시 허상에 불과하다. 따지고 보면 악마 같은 유대인의 모습은 모든 인간에게서 발견할 수 있는 보편적인 것에 불과하다. 결국 타인을 소외시킨다는 것은 그들이 가지고 있는 권력을 과장하여 부풀리는 것에서 시작하는 것이다. 예컨대 오늘날 우리 사회에서 갑과 을의 관계를 통해 알 수 있는 것은 을에 대한 과장이다. 삼성서비스센터의 직원이 자살하자 삼성전자는 그가 고액 노동자였음을 강조한다. 실제 임금은 평균 134만원에 불과하였지만 고액 연봉을 받았다는 과장으로 인해 직원의 자살은 개인적인 문제가 되어버린다. 얼마 전 있었던 철도 파업을 보더라도 그들은 연봉을 6,000만원이나 받는 부자라고 끊임없이 과장되었다. 하지만 이 이야기의 진실은 근속 12년 이상을 일한 40대의 평균 연봉에 불과했으며, 여기에는 특근 비용도 포함된 것이었다.

인간의 문명은 끊임없이 경계선을 그어 쓰레기를 분리해낸다. 풍부한 지식과 전문 기술을 이용하여 가치 있는 것과 가치 없는 것 사이에 경계선을 긋고 여기에서 잉여 인간이 탄생한다. 바우만은 이를 두고 설계 작업이라 말했다. 설계 작업을 통해 더 나은 공간과 쓸모없는 공간을 구분하고 더 나은 인간과 쓸모없는 인간을 구분했다. 이에 사회 안팎에 놓인 사람들은 언제 자신들이 백수, 조기 퇴직자, 비정규직 근로자 따위의 유령이 될지 모르는 두려움과 공포에 휩싸인다. 어쩌면 오늘날 인간은 두 가지의 길 위에 서 있는 건지도 모른다. 쓰레기가 되었거나, 쓰레기가 될 예정이거나.

경찰들은 최선을 다해 실종된 강 사장을 찾으려 하지만 헛짓거리만 하게 된다. 서울대를 나온 신입 형사인 김 형사(이주현 분)는 추 형사(이재용 분)를 도와 수사를 진행한다. 추 형사는 왕년에 텔레비전에도 나올 정도로 아주 뛰어난 형사였다. 하지만 그런 그도 어떤 경계가 그어지자 쓸모없는 존재로 전락해버려 식당에서 고등어나 다듬는 잉여 인간이 되어버렸다. 잉여라는 단어의 사전적 의미와 같이 '쓰일 만큼 쓰인' 존재가 된 것이다. 심지어 서울대 출신의 엘리트 김 형사 역시 경계에 의해 버려진다. 잉여 공간으로 분류된 추 형사와 가깝게 지냈다는 이유 하나만으로 공간을 이탈한 존재라고 규정된 것이다. 이렇듯 설계 작업은 출신 여하를 구분하지 않는 특징을 보여준다.

오늘날에는 현대적 생활이 유지 가능한 특권 지역과 아닌 지역의 분리가 발생했다. 과잉된 인구는 자연스럽게 더 많은 잉여 인간을 양산할 수밖에 없으며, 이것을 처리하기 가장 좋은 방법이 바로 공간의 분할이다. 영국은 호주를 지배하기 위해 수많은 범죄자를 그곳으로 보내버렸다. 식민지 개발이라는 미명으로 잉여 인간을 처리한 것이다. 오늘날은 국가 간의 경계를 넘어 도시 간, 동네 간, 아파트 간의 경계를 그어 잉여 인간을 구분 짓는다. 이것이 바로 임대아파트 주민을 경멸하고, 지방민을 천시하는 구분이자, 태백시의 현실이다. 이 작품에는 선동을 위한 외침이 흐르지 않는다. 마치 엑스레이를 찍듯 현실 속에 드러나는 수많은 폭력의 실체를 보여줄 뿐이다. 가장 큰 피해자라고 볼 수 있는 병구조차 폭력으로 일관한다. 지구를 지키겠다는 일념으로 수많은 외계인을 잡아다 고문해서 죽였지만 실상 대부분은 자신의 복수를 위한 것에 불과하였다.

강 사장은 인간이 이렇게 폭력적으로 변한 이유는 가속성 공격 유전자 때문이라고 말한다. 한때 지구를 지배했던 아틀란티스인은 스

스로 더 강해지기 위해 유전자 조작을 했고 그로 인해 강해진 만큼
더 공격적으로 바뀌었다. 이에 강 사장은 안드로메다 왕자로서 가속
성 공격 유전자를 없애기 위해 실험을 해온 것이다. 이 실험은 사회
에서 가장 핍박받고 고통받는 약자들이 성공할 확률이 높기에 강 사
장은 일부러 사람들을 못살게 괴롭혀왔던 것이다. 사실 병구도 그
실험체 중 하나였으며 실험을 성공하기 위해 극단적으로 괴로운 상
황으로 그를 몰아갔던 것이다. 하지만 병구 역시 가속성 공격 유전
자의 지배에서 벗어나지 못하고 폭력으로 일관한다.

마치 작은 행복도 결코 용납하지 않겠다는 듯 폭력은 그렇게 길
들여진 자들에 의해 증폭된 것이다. 지구를 지킨다거나 모두의 행복
을 위한 유토피아를 만들겠다는 환상과 같은 초거대 담론은 소소한
인간의 행복을 철저히 짓밟아 버렸다. 어쩌면 병구의 불행 역시 스스
로 증폭시킨 환상의 결말일지도 모르겠다. 그런데 이 작품은 마지막
에 놀라운 말을 전한다. 강 사장이 실제로 안드로메다 왕자였던 것
이다. 화가 난 강 사장은 모든 실험을 중단하고 지구를 없애버린다.
이렇듯 병구의 모든 환상이 진실이 되는 순간 그것은 지독한 현실이
되어 우리에게 후벼 파 들어온다.

태평양 한가운데에 존재하는 거대한 쓰레기 섬처럼 수많은 사람
을 잉여 인간으로 만들어버린 현대 문명은 거대한 빈곤의 바다 위에
서 부유한 문명을 구사한다. 마치 자신들은 바다 위에 떠 있지 않는
것처럼 말이다. 빈곤의 바다 위에는 수많은 유령이 떠돌고 있다. 잉

여 인간들은 바란다. 그리고 노래 부른다. "무지개 너머 저 어딘가에 파랑새가 날아다니는데 나는 왜 그곳으로 날아갈 수 없을까? 행복한 작은 파랑새는 무지개 너머로 날아갈 수 있는데 왜 나는 갈 수 없을까?" 그들은 노래 부르지만 무지개 너머로 갈 수 없는 존재이다. 행복한 작은 파랑새는 갈 수 있지만 그들은 갈 수 없는 그곳은 분명 환상으로서의 유토피아일 것이다.

사랑을 카피하다

가짜 사랑, 진짜가 될 수 있을까?

"처음이 달콤할수록

나중에 부딪치는 현실이 더 쓴 법이죠.

황금나무만 믿고 살지는 않았으면 좋겠어요.

서로의 약속도요."

플라톤의 《향연》을 보면 사랑의 신인 에로스가 태어나게 된 이야기가 나온다. 아름다움의 여신인 아프로디테가 태어나자 신들은 잔치를 열었다. 이때 계책의 신인 메티스와 그의 아들인 풍요의 신 포로스도 초대받는다. 그런데 초대받지 못한 빈곤의 신 페니아가 잔칫집 문가에 찾아와 어슬렁거리다 술에 취해 잠들어버린 포로스를 발견하게 된다. 이때 페니아는 포로스에게서 아이라도 얻어내겠다는 심산으로 동침하여 에로스를 낳는다. 에로스는 페니아의 아들이었기에 항상 가난하여 강한 결핍을 느끼게 된다. 에로스는 결핍을 메꾸기 위해 완벽한 아름다움을 지닌 사랑을 끊임없이 갈구한다.[35] 에로

35 　　플라톤, 《향연》, 강철웅 옮김, 이제이북스, 2010, p.127~129.

스가 바라는 완벽한 아름다움을 지닌 사랑이란 무엇을 말하는 것일까? 완벽한 사랑을 갈구한다는 것은 완전한 사랑의 본질이 존재한다는 것을 의미한다. 플라톤에 의한다면 이데아에 가까운 아름다움과 사랑이야말로 가장 이상적인 것이 될 것이다. 그렇다면 이데아에 가까운 완벽한 아름다운 사랑이란 도대체 무엇을 말하는 것일까?

〈사랑을 카피하다〉는 압바스 키아로스타미 감독의 2011년 작품으로 부산국제영화제에 〈증명서〉라는 제목으로 국내에 소개됐다. 이 작품의 제목은 영어로 〈Certified copy〉, 즉 '기막힌 복제품'이라는 의미다. 영국인 작가 제임스 밀러(윌리엄 시멀 분)는 《기막힌 복제품》이라는 책을 출판하여 이탈리아로 강연을 온다. 그 책은 원본을 버리고 복제품을 사라는 주장이 담긴 것으로, 원본보다 오히려 복제품이 더 큰 감동을 줄 수 있다고 말한다. 그리고 원본과 복제에 대한 성찰을 통해 스스로를 더 잘 이해할 수 있다고 말한다. 엘르(쥘리에트 비노슈 분)는 홀로 아이를 키우는 골동품상으로 제임스를 따로 한번 만나보고 싶어 그를 자신의 가게에 초청한다. 제임스는 골동품 가게를 둘러보다 바깥 날씨가 끝내주니 바깥으로 나가 산책이나 하자고 말한다. 둘은 밖으로 나와 밑도 끝도 없이 차를 타고 어디론가 향한다. 차 안에서 제임스는 엘르에게 묻는다. "우리 어디로 가죠?" 엘르는 자기도 모르겠다며 목적 없이 떠돌고 있다고 말한다. 이에 제임스는 의도적인 방황도 상당히 괜찮다고 말하며 당신은 운전을 하고 자신은 경치나 즐기면서 목적 없이 떠돌자고 말한다. 그렇지만 엘르는 그것이 딱히 마음에 안 드는지 목적지를 정확히 지정해서 토스카나로 향한다.

변하지 않는 가치를 추구하는 엘르와 변화하는 순간의 기쁨을 옹호하는 제임스는 토스카나로 향하는 차 안에서부터 끊임없이 충돌한다. 엘르는 자신의 동생인 마리가 인생을 잘못 살고 있다며 제임스에게 불만을 토로한다. 엘르의 동생 마리는 진품 못지않게 모조품을 좋아하며 단순한 삶을 예찬하지만, 엘르는 모닥불(원본)보다 전깃불(복제품)이 훨씬 더 좋다고 말하는 동생을 이해할 수 없다. 삶은 복잡한 것이기에 나름의 목적의식을 가지고 살아야 한다고 생각하는 엘르는 모든 것을 단순하게 바라보는 동생이 못마땅할 뿐이다. 하지만 제임스가 보기엔 마리는 나름의 행복을 찾은 사람이므로 그녀를 비난할 이유가 없다고 말한다. 인간은 행복해지기 위해 살아가는데, 이미 자신의 행복을 찾았다면 타인의 시선은 신경 쓸 필요가 없다는 것이다.

"밖의 나무를 봐요. 아름답고 모양도 제각각이고 똑같이 생긴 나무도 없어요. 나이도 많죠. 천 년 된 나무도 있다고 들었어요. 독창성, 아름다움, 수명, 기능성 등등 예술적인 조건은 다 갖췄어요. 들판에 널브러져 있어 관심을 못 받을 뿐이죠."

제임스는 마리의 색다른 관점과 시선을 옹호한다. 즉 행복의 가치는 이미 정해져 있는 것이 아니라 우리에게 어떠한 경험을 주느냐에 따라 달라진다는 것이다. 토스카나로 향하는 차 안에서 이루어진 제임스와 엘르의 대화는 그들의 극명한 시선 차이를 잘 보여준다.

토스카나에 도착한 이후 엘르는 박물관을 방문하여 〈라 조콘다〉를 소개한다. 이 그림에는 상당히 흥미로운 이야기가 담겨 있다. 이 작품은 지난 200년간 진품으로 알려졌으나, 50년 전 위작임이 밝혀졌다. 하지만 박물관 측은 비록 위작이지만 원본만큼 아름다우므로 계속 전시하겠다고 결정했다. 제임스는 가짜인 그 그림에 모두가 감동받았다는 사실을 흥미로워한다. 사실 따지고 보면 원본이라는 것도 어느 모델을 따라 그린 것에 불과하다. 엄밀히 말하면 진정한 본질은 원본의 그림이 아닌 모델 그 자체에서 찾아야 할 것이다. 따라서 〈라 조콘다〉의 원본이나 토스카나의 위작이나 둘 다 복제품이라는 측면에선 다를 것이 없다. 결국 원본이냐 복제품이냐는 사람들이 감동을 느끼는 데 주된 요소가 될 수 없다는 것이다.

박물관에서 나온 둘은 작은 카페에 들어가 차를 마시며 대화를 나눈다. 엘르는 책의 영감을 얻은 시뇨리아 광장에서의 일을 이야기해 달라고 요청한다. 이에 제임스는 어느 모자간의 대화에서 영감을 얻었다고 말한다. 엄마는 복제품 다비드 상 앞에서 아들에게 그 작품에 대해 설명을 해주었는데, 아들은 복제품을 바라보며 진품을 보는 듯한 경이로움에 사로잡혔다. 그렇다면 제임스가 시뇨리아 광장에서 보게 된 광경은 무엇일까? 그것은 하나의 순간적인 사건이다. 어쩌면 그 모자가 엘르일지도 모르는 사건을 우연히 접한 것이다. 이는 제임스에게 하나의 의미를 형성하게 해준다. 즉 본질적인 원형이 꼭 좋은 것만은 아니며 도리어 가짜에 불과할지라도 그것이 주는 감정에 충실한 것이야말로 진정한 삶의 모습이라고 말이다. 제임스는 예술품이 관객에게 어떤 경험을 선사하느냐에 따라서 그 가치가 결정된다고 본다. 다시 말해 예술품을 통해, 나의 삶에 함축되어 있었지만 나는 알지 못했던 숨겨진 의미를 찾을 수 있다면, 그것은 새로운 가치를 창조할 수 있는 가능성을 가지게 된다. 비록 그것이 복제의 복제에 불과하더라도 말이다. 이에 제임스는 원본과 복제품의 경계가 얼마나 무의미한지를 깨달아 책을 쓰게 된 것이다.

제임스와 엘르가 카페에서 나누는 대화를 들은 카페 주인은 이들을 부부라고 오해한다. 그리고 엘르에게 남편은 사실 좋은 사람인 것 같다고 이야기한다. 이때부터 둘은 부부 역할극으로 돌입한다. 카페 주인의 오해 앞에서 그들은 마치 15년은 살아온 진짜 부부처럼 능숙하게 연기하기 시작한다. 문제는 어느 순간 이들이 보여주는 모습이 연기인 것인지 진짜 부부인 것인지 헷갈리기 시작한다는 점이다. 만약 이들이 진짜 연기를 하는 것이라면 카페 이후의 장면이 가상이 될 것이고 반대로 진짜 부부라면 카페 이전의 장면이 가상이 될 것이다. 카페를 나온 엘르는 아들과 전화통화를 하다 소소한 일로 다툰다. 사실 엘르는 아들에게 상당한 불만을 가지고 있었다. 어떤 일이든 진지하게 여기지 않고 "그래서요?"라고 대답하며 오직 순간만을 즐기려는 아들이 마음에 들지 않았던 것이다. 결국 아들을 끊임없이 챙기려다 지쳐버린 그녀는 급기야 제임스에게 화풀이를 한다. 제임스가 각자는 각자의 삶을 살아가며 사람은 누구나 자신을 위해 산다고 말하자, 엘르는 당신과 아들은 자신의 삶을 살아가지만 정작 내 인생은 망가져가고 있다고 불만을 토로한다. 그리고 우리가 언제 세 명이서 같이 밥 먹은 적이나 있느냐며 마치 부부인 양 제임스를 비난한다. 진짜와 가상의 경계가 무너지기 시작하는 것이다.

엘르는 자신이 과거에 행복했다고 여기는 순간으로 돌아가기를 바란다. 그녀가 바라는 진정한 삶은 현재가 아닌 과거에 있는 것이다. 이에 과거의 결혼식장과 첫날밤을 보낸 호텔 등을 전전하며 과거의 행복을 돌이키려 한다. 그녀는 자신과 가족들의 관계를 끊임없이 변증법적으로 지양하고자 하는 듯하다. 더 나은 가족의 모습을 위해서 자기반성이 이루어지는 것이다. 이것은 자신을 끊임없이 부정하여 극복하는 것을 의미한다. 즉 매일같이 나를 내적으로 부정하고 더 나은 나를 향해 나아가는 것이다. 시험을 망쳤다면 자기반성을 통해 더 나은 나를 향해 나아가듯 엘르도 그런 것을 원하는 듯하다. 그녀는 과거 자신이 결혼했던 결혼식장으로 향한다. 그곳은 수많은 커플이 똑같은 옷을 입고 똑같은 과정을 거쳐 부부로 만들어지는 곳이다. 그곳에서 엘르는 어느 신혼부부에게 자신들은 정말 행복한 중년 부부라고 거짓말을 하고, 이에 신혼부부는 그 거짓된 행복을 이어받고자 사진 촬영을 요청한다. 엘르는 자신의 행복한 과거를 신혼부부를 통해 재현하고자 한 것이다.

하지만 제임스는 이러한 엘르의 행동이 이해되지 않아 그녀에게 다음과 같이 말한다. "신혼부부의 눈에서 반짝이는 희망을 보고 마냥 환상을 심어주진 못하겠단 생각이 들었죠. 처음이 달콤할수록 나중에 부딪치는 현실이 더 쓴 법이죠. 황금나무만 믿고 살지는 않았으면 좋겠어요. 서로의 약속도요. 결혼 생활을 지탱하는 건 관심과 뚜렷한 인식이죠. 모든 것은 변하고 약속도 무의미하죠. 가을에 지지 않는 꽃이 없는 것처럼 말이에요. 꽃은 열매가 되고 익으면 떨어지니까요. 그 뒤엔 헐벗은 나무만 남죠."

행복한 결혼 생활을 약속하는 황금나무가 과연 어떤 의미를 가질까? 행복한 15년 차 부부와 함께 사진을 찍으면 행복한 결혼 생활이 유지되는 것일까? 엘르는 불멸하는 행복과 사랑의 이데아를 바라지만, 제임스는 모든 것은 변할 수밖에 없으므로 차라리 그 차이를 긍정하고 그냥 흘러가듯 내버려 두기를 바란다. 각자의 삶은 각자가 살아가는 것처럼 말이다.

연극이 진행되면 될수록 그들은 원본의 관계를 무너뜨리기에 이른다. 겉으로 드러나는 원본의 관계는 작가와 팬의 관계이지만 어느 순간 가상의 관계가 원본의 관계를 압도하기 시작한 것이다. 하지만 제임스와 엘르라는 존재가 다른 존재로 바뀐 것은 아니다. 그들은 언제나 그곳에 있다. 다만 다르게 불릴 수 있는 잠재적인 차이가 드러났을 뿐이다. 엘르는 과거 신혼여행 때 묵었던 호텔로 가서 과거와 같은 행복을 찾아보자고 말하지만, 제임스는 열차를 타러 가야 한다고 말한다. 과거를 돌리려는 여자와 그 과거가 생각 안 난다는 남자. 엘르는 마지막 순간까지 과거에 고정된 원본과 같은 삶에 집착한 채 다시금 이 순간 이 자리에서 과거를 재현하고자 한다. 마치 과거의 삶이 완벽한 삶이었던 것처럼 하나의 환상과 같은 원본에 대해 집착하는 것이다. 하지만 그것은 이루어지지 않고 끊임없이 미끄러진다. 결국 그녀는 원본이 가진 불멸의 가치를 추구하지만 과거의 행복을 현재에 모방하려는 아이러니를 드러내고야 만다.

이 작품은 마치 리처드 링클레이터 감독의 영화 〈비포 선라이즈〉처럼 끊임없는 대화, 진짜인지 가짜인지 알 수 없는 부부의 대화로 이루어진다. 그 대화는 사실 답을 찾을 수 없는, 일상적이면서 주변에서 흔히 볼 수 있는 삶의 연속이다. 나에게도 반복되는 일이며 꼭 내가 아니더라도 누군가에게서 비슷한 일이 일어났으며 일어날 것이다. 이 작품이 흥미로운 점은 바로 이 부분이다. 지속적으로 반복하여 일어나는 삶의 진실이 일상의 경험(원본)보다 오히려 영화예술(복제)을 통해 더 잘 드러난다는 것이다. 이는 마치 제임스가 지속적으로 주장해온 것과 같은 현상이다. 복제 예술인 영화가 나에게 어떠한 흔적을 남기느냐에 따라서 그 가치는 달라진다. 이는 곧 현실에서의 경험보다 도리어 영화를 통한 간접 체험이 훨씬 더 잠재되어 있는 현실, 다시 말해 내가 포착하지는 못했지만 분명히 존재하는 진실을 잘 바라볼 수 있게 해준다.

어쩌면 엘르와 제임스를 바라보면서 저것이 진짜이냐 가짜이냐를 묻는 것은 무의미할지도 모르겠다. 두 사람의 관계는 진짜이든 가짜이든 어긋난 채 끝맺는다. 다만 과거의 행복을 끊임없이 현실에 재현하려고 하는 엘르의 슬픔만이 남아 있을 뿐이다. 들뢰즈에 의하면 사랑 역시 반복되는 사건의 연속이다. 사람들은 매일같이 사랑하고 싸우고 화해하며 살아간다. 부부가 매일같이 함께 공간을 점유하며 반복되는 삶을 살아간다 하더라도 그 안에는 분명한 차이가 존재한다. 설사 부부 싸움이 일어나지 않을 때라도 그것은 잠재적으로 존속한다. 잠재적으로 존속하던 사건(부부 싸움)은 반복하여 실존하게 되고 다시 어느 순간 사라져 존속한다. 하지만 그 사건은 반복될 때마다 차이를 동반한다.

여기서 중요한 것은 원본 같은 과거에 함몰되지 않고 매일같이 반복적으로 주어지는 사건을 긍정하는 일이 아닐까? 들뢰즈는 '차이는 본질적으로 긍정의 대상, 긍정 그 자체'라고 말했다.[36] 사랑의 모습은 존재하는 사람의 수만큼 다양할 수 있으며, 심지어 한 사람의 반복되는 삶 속에서도 차이는 드러난다. 삶은 역동하는 과정 속에서 끊임없이 긍정하고 생성하는 하나의 거대한 과정이다. 나와 다른 어떤 타자와의 만남은 새로운 사건을 만들어내 무언가를 생성해낸다. 그것은 사랑의 감정일 수도 있겠지만 원수 같은 감정일 수도 있다. 하지만 반복적으로 나타나는 과거, 현재, 미래의 사건을 통해 의미를 찾고, 반복을 통해 드러나는 생성을 긍정하는 것이야말로 우리의 삶에 더 큰 여유를 줄 수 있을 것이다.

36 질 들뢰즈, 《차이와 반복》, 김상환 옮김, 2004, p.136.

공동경비구역 JSA
우리라는 이름의 감옥

"세상엔 두 종류의 인간이 있어.

빨갱이, 그리고 빨갱이의 적!

여긴 중립은 설 자리가 없어!"

한국 사람은 별생각 없이 '우리'라는 말을 상당히 자주 사용하곤
한다. 사실 우리라는 단어는 인간의 집단을 묶어내는 대명사로서 상
당히 모호한 측면이 있는 단어이다. 예를 들어 명절이 되면 수많은
여성이 가족 안에 형성된 묘한 긴장 관계 속에서 고통을 호소한다.
그 주된 이유는 각자가 생각하는 우리의 개념이 다르기 때문이다.
시어머니가 생각하는 우리는 아들딸을 비롯하여 며느리까지 포함되
는 개념이지만, 며느리가 생각하는 우리는 남편과 자식 그리고 친
정 부모님까지 포함된다. 이렇듯 같은 가족 안에서도 각자가 생각하
는 우리는 다를 수 있으며, 여기에서 개념은 충돌을 일으킨다. 여기
서 중요한 것은 우리라는 개념은 각자가 스스로 만들어낸 것이 아니
라, 어떤 외부적 요소에 의해서 만들어져 우리에게 강제로 주입되었

을 가능성이 다분한 개념이라는 점이다.

〈공동경비구역 JSA〉의 주인공들은 남과 북이라는 다른 공간에서 다른 생각을 가진 채 서로를 적으로 바라보는 것을 너무나도 당연하게 여기며 살아온 사람들이다. 즉 각자의 내면에 형성된 우리를 통해 상대방을 판단한다는 의미로, 이러한 과정 속에서 폭력이 만연하게 된다. 이수혁 병장(이병헌 분)은 부대 내 최고의 영웅이다. 북한군이 대통령 욕을 하자 상대측 초소에 돌을 던져 창문을 박살 내버리고, 수색을 나갔다가 지뢰를 밟아 홀로 낙오된 적이 있는데 그걸 스스로 해체해서 돌아오는 등 그의 영웅담은 실로 눈부실 지경이다. 더욱이 문제의 사건에서 이수혁 병장은 북한군을 두 명이나 사살하여 표장군(기주봉 분)에게 치하받기에 이른다. "우리 수혁이 포상 휴가 좀 보내주게 빨리 끝냅시다. 대단한 놈이야, 이거. 두 마리나 사살하다니 이거 아주 영웅이야, 영웅." 영화 속 주변 인물들이 북한군을 바라보는 태도는 빨갱이 그 이상도 그 이하도 아니다. 인간으로서 존엄보다는 "몇 마리 죽였냐?"라는 식으로 비하하여 표현하며 이러한 태도는 사실 주변에서도 흔히 찾아볼 수 있다.

한국 사회를 지배하는 가장 큰 우리의 개념은 바로 절대적 숭배의 대상이 되어버린 '국가'이다. 사실 '국가 숭배'라고 말하지만 그 안에는 가족 숭배, 민족 숭배 등 다양한 형태의 집단 숭배가 담겨 있으며, 그 중심에 서는 것은 혈연으로 이루어진 폐쇄적인 관계망과 집단에 대한 광신이다. 즉 혈연을 통해 엮인 집단은 가장 확실하고 믿을 수 있는 담보라고 생각하는 것이다. 예컨대 우리는 아주 어린 시절부터 단군이라는 단 하나의 조상과 순수한 혈통에 대한 이야기를 주입받으며 성장했다. 이러한 단일민족은 단순히 문화적 동질성을 넘어 혈연의 순수함을 강조하는 방향으로 발전하게 된다. 과거 독일인이 내세운 '위대한 아리아인'이라는 사고방식 역시 같은 맥락에서 바라볼 수 있다. 히틀러는 《나의 투쟁》에서 피의 오염에 희생되지 않는 한, 즉 비(非)게르만 인종과 교배하지 않는 한 아메리카 대륙에 거주하는 게르만인도 강력함을 유지할 것이라고 주장하였다. 그리고 독일인은 선택받은 민족으로서 인류의 문명을 창시하는 인종인 반면, 유대인은 열등한 인종으로서 문명을 파괴하는 인종에 불과하다고 주장하였다.

하지만 혈연이라는 말 자체는 상당히 모호한 측면을 가질 수밖에 없다. 과연 순수한 혈통이라는 것이 가능한 것일까? 조금만 생각해보더라도 이것이 불가능하다는 것은 쉽게 확인할 수 있다. 하지만 인간은 추상적 가치로서의 순수 혈연이라는 것을 만들어내고 그것에 의존한다. 순수 인종을 주장하는 파시스트에게 그 주장의 불합리성을 설명하는 것만큼 어리석은 일도 없을 것이다. 그들은 가히 종교적 광신과 마찬가지의 상태에 빠져들었기 때문이다.[37] 집단에 대

<hr>

37 　빌헬름 라이히, 《파시즘의 대중심리》, 황선길 옮김, 그린비, 2006, p.127.

한 지나친 경배는 개인을 사라지게 만들어 결국 심각한 자존감의 상실을 불러올 수밖에 없다. 집단 속에서 개인의 발현이 허용되지 않다 보니 자연스럽게 다른 무언가를 통해서 자존감을 확인받으려 한다. 이에 대한 가장 대표적인 예가 "Do you know?"라는 질문이다. 스포츠 스타를 통해 국가의 자부심을 느끼고 그들의 성공을 나의 성공으로 여긴다. 시도 때도 없이 문화적 우월성을 확인받기 위해 "두 유 노 강남 스타일?"을 묻고 "두 유 노 김치?"를 묻는다. 어느 유명 백인이 김치를 좋아한다고 말해주면 좋아서 어쩔 줄 몰라한다. 이런 현상은 빈약한 개인의 자존감을 국가의 자부심을 통해서 해결하고자 하는 시도에 불과하다. 집단이 제시하는 우리라는 환상 속에 갇혀버린 채 빈약한 자존감을 집단을 통해서 보상받으려는 것이다.

근대국가가 가지고 있는 다양한 모순은 자 집단의 절대화와 타 집단의 멸시를 통해 외면된다. 에스노센트리즘(ethnocentrism)은 내가 속한 집단이 타 집단보다 훨씬 우월하다고 생각하여 타 집단을 멸시하고 차별하는 경향을 말한다. 에스노센트리즘은 집단에 대한 단순한 헌신을 넘어 집단과의 동일화를 이끌어낸다. 이로써 국가의 성공은 나의 성공이 되고 국가를 대표할 수 있는 잘난 사람의 성공도 나의 성공처럼 느껴지는 것이다. 이러한 배타적인 애국주의가 바로 쇼비니즘이다. 쇼비니즘은 필연적으로 어떤 경계선을 상정할 수밖에 없다. 경계를 그은 안쪽의 사람들은 우월한 인간이 되는 것이고 바깥의 사람들은 배제되어야 할 폐기물과 같은 취급을 받는다. 줄리아

크리스테바에 의하면 인간은 자신에게 낯선 것을 추방하거나 거부하여 나의 경계를 유지하거나 새롭게 창조하려고 노력하게 된다고 말하며 이러한 행위를 두고 아브젝시옹(abjection)이라 표현하였다. 이때 추방되는 것은 사회가 부정적이라고 지정한 것으로 아주 혐오스러워서 거부반응을 이끌어내는 것을 말한다. 이것은 경계의 바깥으로 쫓겨나지만 완전히 제거되진 않은 채 경계의 주변을 어슬렁거리며 끊임없이 경계를 위협한다.

〈공동경비구역 JSA〉는 판문점에서 근무하는 군인들의 이야기이므로 자연스럽게 경계선이라는 측면이 들어가지 않을 수 없다. 경계선은 하나의 공간에 선을 그어 이쪽과 저쪽을 나눈 후, 다른 공간에 속해 있는 사람들을 경계 너머의 타자로서 바라보게 만든다. 이는 굳이 남북 간에 세워진 경계선을 넘어 단체 사이의 경계선, 개인 사이의 경계선에 이르기까지 다양한 형태로 나타난다. 하지만 이 경계선이라는 것은 대단히 허구적인 성격을 가질 수밖에 없다. 왜냐하면 균질한 공간에 선을 그어 비균질성을 유도하는 것이기 때문이다. 선이 그어지고 비균질성을 유도하는 세월이 길어진다면 분리된 두 공간이 정말로 비균질하게 되어버릴 수도 있겠지만 그 경계선을 그을 당시에는 분명히 균질성이 있었을 것이다.

이는 우리가 직면한 상황이 분단되어 있다는 것만 보아도 간단하게 답이 나오는 문제이다. 한반도라는 공간에서 살아가던 사람 사이에 어느 날 경계선이 세워졌다. 이 경계선은 전 세계 어느 곳에서도 볼 수 없는 아주 지독한 경계선으로, 같은 공간을 철저하게 둘로 나누었다. 하지만 아직은 분단이 된 지 그리 오래되지 않았기에 양 공간은 동일한 균질성을 공유하며 여기에서 한민족이라는 담론이 형성된다. 사실 저러한 경계선이 생겨나게 된 이유는 이데올로기에서 찾을 수 있다. 이데올로기란 인간이 의문을 느낄 수 있는 대상, 예컨대 인간, 자연, 사회 등 다양한 현상에 대해 사람들이 가지게 되는 관념 또는 신념의 체계를 말한다. 이것이 개개인에게 내면화되면 개인의 행동 양식을 좌우하는 사고방식으로 정착된다. 결국 이데올로기는 같은 공간 안의 사람들을 나누어 타자로서 경계 짓는 경계선으로서의 역할을 하는 것이다. 이러한 이데올로기라는 측면에서 분단 현실을 바라보자.

우리에게 휴전선이라는 경계선이 세워진 이유는 양쪽의 정치조직이 선택한 경제 제도의 차이에서 비롯한 것으로, 그렇게 세운 경계선은 전쟁이라는 극단적 상황까지 불러왔다. 한국전쟁이 벌어지기 전에는 이데올로기 자체가 아직 완전히 내면화되지 못한 상태였으므로 서민의 입장에서 특별한 의구심을 품진 않았다. 정치조직들이 끊임없이 빨갱이니 미제 앞잡이 따위의 문구를 통해서 선동했지만, 분단 초반에는 왕래도 가능했고 항상 그렇게 살아왔으므로 경계선에 큰 의미를 부여하기가 힘들었기 때문이다. 하지만 전쟁이 터지면서 양상은 크게 달라졌다. 이데올로기가 뭔지도 모르겠고 아직 완전히 내면화되지도 않았지만, 서로 총부리를 겨누고 살상하게 되니 자연스레 분노가 생겨나게 되었으며, 이 분노가 비균질성의 확대를 가져온 것이었다.

오늘날 우리 사회에서 전쟁 경험 세대와 비경험 세대 간에 생겨나는 극심한 견해 차이는 바로 이 분노의 경험 유무에서 비롯된다고 보아도 무방하다. 즉 저 분노의 유무에 의해 우리 사회 내부에서 또 하나의 경계선이 세워진 것이다. 하지만 저 분노는 갑자기 나에게 총을 들이댔기에 생겨난 분노였던 것일 뿐, 비균질성의 엄청난 확대에서 생겨난 분노라고 보기는 힘들다. 그렇기에 우리는 어처구니없는 전쟁 이후에도 지속적으로 통일을 외치는 것이다. 이를 통해 확인할 수 있는 것은 분단의 반세기라고 해도 경계선 양쪽 공간의 사람들은 여전히 어느 정도의 균질성을 공유하고 있다는 사실이다. 즉 이데올로기가 개개인에게 내면화되어 타자를 적으로 바라보도록 발전하였을지언정, 오랜 시간 하나로 살아온 시간과 경험을 뛰어넘을 수는 없었기 때문에 여전히 통일을 원하는 것이다.

휴전선은 경계의 최전선이며 그 경계선 위에 선 사람들은 서로를 바로 직면할 수 있는 사람들이다. 꽤나 오랜 시간 각자의 땅에서 살아온 사람들을 경계선 위에서 만나게 한다는 설정은 이미 내면화된 이데올로기를 넘어 오랜 역사 속에서 만들어진 균질성을 확인하고자 하는 시도로 볼 수 있다. 즉 막상 만나 보니 같은 말을 사용하고 같

은 문화를 공유하며 하나의 공간을 살아가는 사람에 불과하다는 것
이다. 판문점은 공간 안의 공간이며 경계선 위에 만들어진 공간이다.
그곳은 진실을 감춰야 하는 곳이자 사건을 흐지부지하게 만들어야
하는 곳이다. 판문점은 흐릿한 경계의 공간이자, 경계가 무너지는 공
간이면서, 경계가 첨예하게 살아나는 공간이라고도 볼 수 있다. 모
든 것이 뒤틀려 버리는 상당히 아이러니한 곳이 바로 판문점이다. 그
곳은 흐릿한 경계의 공간이기에 진실과 직면할 수 있는 곳이다. 하지
만 그 진실은 절대적으로 감춰야 한다.

순찰 도중 지뢰를 밟아버린 이수혁 병장은 북한군인 오경필 중사
(송강호 분)의 도움으로 지뢰를 해체하게 된다. 물론 부대로 돌아가서
한 말은 전부 거짓이다. 이수혁 병장이 거짓을 고했노라 비난할 수
도 없다. 그 진실은 감춰야만 하는 진실이기 때문이다. 오경필 중사
에게 고마움을 느낀 이수혁 병장은 상대편 초소로 감사의 편지를 던
지고, 그때 북한군 초소 유리창을 깨먹기도 한다. 물론 이 또한 감춰
야만 하는 진실이기에 이수혁 병장은 거짓말을 고한다. 그러던 어느
날 이수혁 병장은 경계선을 넘기로 결심한다. 종이쪽지로 대화를 나
누어보니 특별히 이상할 것도 없는 사람이기에 직접 만나기로 결심
한 것이다. 어떻게 보면 별거 아닌 만남의 길일지도 모르겠지만 그
것을 위해 이수혁 병장은 목숨을 걸게 된다. 그렇다면 100미터도 안
되는 그 길을 걸어 경계를 넘는다는 것은 무엇을 의미하는 것일까?

경계를 통해 형성된 공간은 내부의 사람들에게 완전히 고립된 하나의 세상을 제시한다. 마치 빨간 선글라스를 끼고 세상을 보면 세상이 빨갛게 보이듯 인간 내부에는 저러한 선글라스와 같은 인식의 틀이 존재한다는 것이다. 그러나 인간이 가진 인식의 틀은 어디까지나 인간만의 것에 불과하다. 똑같은 나무를 보더라도 인간이 보는 것과 개가 보는 것은 분명 다르다.[38] 다만 인간이라는 종 내에서는 동일한 인식의 틀을 가지므로 모든 인간은 같은 것을 보게 되는 것이다. 중요한 건 인간의 인식은 신과 같은 위치에서 세상을 바라보는 관점이 아니라는 점이다. 지극히 인간 중심의 관점에 불과하다. 이렇듯 자신만의 인식의 틀에 의해서 세상을 바라보는 것을 현상이라고 부른다. 예컨대 물컵에 젓가락이 담겨 있다고 해보자. 물컵에 담겨 있는 젓가락만 본다면 젓가락은 휘어 있는 것으로 보일 것이다. 이는 모든 인간이 보게 되는 공통된 현상이다. 하지만 박쥐가 물컵을 인식할 때는 완전히 다른 방식으로 인식할 것이며 그것은 박쥐의 현상이 된다.

이데올로기라는 것은 칸트가 말하는 인식의 틀과 다를 것이 없다. 철저히 교육된 이데올로기는 그 이외의 것에 대해서 생각조차 할 수 없게 만들기 때문이다. 경계에 의해 나뉜 각 공간은 구성원들에게 나

---

38   움베르토 마투라나, 《앎의 나무》, 최호영 옮김, 갈무리, 2007.

름의 현상만을 제시하고 교육한다. 이는 마치 매트릭스와 같은 것이다. 인간은 매트릭스에 갇혀 매트릭스의 의지에 따라 생각하고 행동한다. 매트릭스 내부의 구성원들은 거대한 우물에 갇힌 채 매트릭스 바깥이라는 것을 감히 상상조차 할 수 없게 돼버린다. 바깥이 존재하지 않는 것은 아니지만 내부의 사람들은 그것을 인식할 수가 없게된 것이다.

하지만 물속에 담긴 젓가락은 사실 휘어 있지 않은 직선 형태다. 직선 형태의 젓가락은 우리의 인식이 닿지 않는 젓가락의 진정한 본질로서 바로 사물 자체(Ding an sich)이다. 하지만 젓가락을 물컵에서 꺼내지 않는 이상 우리는 그 사실을 결코 알 수 없다. 물컵에 담긴 젓가락이라는 사물 자체는 직선이지만 우리는 휘어진 현상만을 인식하게 되므로, 젓가락의 사물 자체는 절대로 인식할 수 없게 되는 것이다. 이처럼 경계의 바깥은 마치 존재하지 않는 것처럼 치부되는 사물 자체라고 볼 수 있다. 경계 안의 공간은 사람들에게 휘어진 젓가락만을 보여주면서 집단을 위한 희생을 강요한다. 각자가 자신의 위치에서 집단을 위해 희생해야만 그 집단이 유지된다는 것이다. 이 때 개인보다 우위에 서는 집단은 국가, 민족 따위의 모습으로 드러난다.

경계를 넘어선 이수혁 병장이 알아낸 것은 경계 너머의 사람들도 똑같은 인간이라는 것이다. 같은 말을 사용하고 같은 문화를 공유하는, 언제든지 친구가 될 수 있는 인간이다. 같이 닭싸움을 할 수 있고 같이 공기놀이도 할 수 있다. 심지어 김광석의 음악을 듣고 같은 감동을 느끼기도 한다. 이 모든 것은 균질한 문화적 동일성을 공유하기에 가능한 일이다. 분명 얼마든지 친구가 될 수 있지만 그들은 아무런 이유 없이 총부리를 겨누고 있다. 사실 개인의 입장에선 굳이 그렇게 총을 겨눠야 할 이유가 없다. 그러나 국가가 원하기 때문에 병사들은 최선을 다해 임무를 수행해야 한다. 따라서 네 명의 병사들이 알게 된 진실은 철저히 감추어야만 한다.

그렇다면 네 명의 병사들이 새롭게 깨닫게 된 진실은 무엇을 의미하는 것일까? 우리는 보통 '북한 사람' 하면 어떤 이미지, 즉 도식(schema)[39]을 떠올리게 된다. 어떤 이는 총을 들고 달려오는 도깨비 같은 괴한을 떠올릴 테고, 어떤 이는 한복을 입고 씨름하는 모습을 떠올릴 것이다. 이는 개념에 따른 도식의 차이에서 비롯된 것이다. 따라서 도깨비의 도식을 가진 사람은 북한 사람을 굉장히 폭력적으로 인식할 것이고, 한복과 씨름이라는 도식을 가진 사람은 북한 사람을 같은 민족 정도로 인식할 것이다. 칸트는 인간의 상상력이 그려낸 상을 도식이라고 하였다. 즉 상상력은 도식을 만들어내며 이 도식을 통해 상대방에 대한 인식이 이루어진다. 예컨대 우리는 수많은 개를 알고 있다. 내가 키우는 개, 옆집 개, 뉴스에서 아이를 물어

---

39   칸트, 《순수이성비판1》, 백종현 옮김, 아카넷, 2006, p.380(B179).

버린 개, 주인에게 충성을 다하는 개, 진돗개, 도사견 등 이 모든 개별적인 개를 '개'라는 개념으로 인식할 수 있는 이유는 바로 도식 때문이다.[40] 이를 두고 칸트는 초월적 도식이라 칭했다. 따라서 죽여야 하는 적으로서의 북한 사람은 사실상 적대적인 도식이 만들어낸 이미지에 불과하다.

하지만 칸트는 상상력을 통해 도식을 창의적으로 만들 수 있는 가능성을 확인했다. 인간은 철저하게 자신이 구성해낸 현상세계에 갇혀 살아가는 존재이지만, 다른 한편으론 인간 스스로 기존 개념의 구속에서 벗어나 현상세계를 새롭게 구축할 수 있는 가능성을 가지게 된다. 즉 인간은 현상세계 너머를 바라볼 수 있는 초월적 자유를 가진 존재인 것이다. 네 명의 병사는 초월적 자유를 가진 존재로서 진실 앞에서 흔들리지 않고 기존의 개념에서 벗어나 자신들만의 새로운 현상세계를 구축한다. 이들은 적이 아닌 친구가 되어 서로 닭싸움도 하고 술도 마시고 공기놀이도 한다. 하지만 여기에는 분명한 한계가 존재한다. 판문점이 가지고 있는 흐릿한 성격은 새롭게 시작한 현상세계를 불투명하게 만들어간다. 이 불투명성은 새로운 현상세계를 지우라고 명한다. 앙드레 지드의 '우리는 하나의 껍질에서 나오는 순간부터 또 다른 껍질 속에 있다'라는 말처럼, 이데올로기를 깨부셔 껍질에서 벗어난 네 명의 병사들이 그 순간 또 다른 껍질 속

---

40   칸트, 《순수이성비판1》, 백종현 옮김, 아카넷, 2006, p.381(B180).

에 갇혀버리게 된다.

사실 네 명의 병사들은 평생 판문점에서 살아갈 수는 없다. 그들은 판문점이라는 독특한 공간에서 벗어나 원래의 공간으로 돌아가야 하며 그곳에서 살아가기 위해서는 국가에 의해서 교육받고 형성해온 삶의 모습을 유지해야 한다. 하지만 사태는 벌어졌다. 이 상황에서 살아남기 위해서는 그들이 새롭게 형성한 삶과 우정을 철저하게 숨겨야만 한다. 우정과 이해라는 새로운 현상세계가 경계선 위에서 펼쳐졌다는 사실이 밝혀진다면 경계에 대한 진실 또한 널리 알려지게 될 것이다. 이렇게 되면 남과 북이라는 각 공간은 스스로를 보존하는 데 실패할 가능성이 높아지게 되므로 각 공간은 자기 보존을 위해 진실을 은폐하라고 명하게 된다.

하지만 이수혁 병장과 남성식 일병(김태우 분)에게 이 현실은 녹록지가 않다. 자신들이 새롭게 형성한 현상세계의 우정을 스스로 파괴하였다는 죄책감은 기존의 현상과 새로운 현상의 충돌을 불러온다. 흐릿한 공간의 성격상 진실을 묻어버려도 아무런 문제가 없지만 소피 소령(이영애 분)은 이를 외면하고 깊게 파고들어가 버린다. 과도한 진실 앞에 오경필 중사(송강호 분)를 제외한 남측 사건 당사자들은 전부 자살이라는 선택을 하기에 이른다. 결국 이는 자신이 속해 있던 공간과 그 공간을 지배하는 이데올로기에서 벗어나는 것이 얼마나 힘든가를 직설적으로 보여주는 장면이다.

경계선의 폭력은 남북 관계를 넘어 다른 민족과 국가로 확장하여 바라볼 수 있다. 오늘날 현대인들은 각자의 국가와 민족을 중심에 놓고 끊임없이 반목하고 충돌한다. 하지만 이 또한 각자가 바라보는 이데올로기에 입각한 폭력에 불과하다. 사실 인간은 그냥 인간일 뿐이다. 한국인이든 일본인이든 궁극적으로 다른 것이 무엇일까? 태초의 인간이 그렇게 나뉜 채 탄생하였을까? 그렇지 않다는 것이야말로 자명한 사실이지만 민족과 국가라는 미명 아래 충돌을 일삼는다. 결국 인간은 경계선이라는 이름으로 수많은 이데올로기적 현상 속에 갇혀 살아가는 것이다.

식스 센스
내 안의 그림자와 화해를 꿈꾼다

"어떤 유령은

자기가 죽었다는 것조차 몰라요.

유령들은 자기가 보고 싶은 것만 봐요."

말콤 크로우(브루스 윌리스 분)는 아동심리 분석가이다. 아동심리 분야에서 상당한 공로를 인정받아 공로패를 받던 그날 밤, 말콤은 자신이 과거에 치료했던 아이에게서 총상을 입게 되고 그 아이는 자살해버린다. 뭔가 치료가 잘못된 것이다. 말콤은 자신의 죄책감을 씻기 위해 비슷한 증상을 가진 아이를 찾게 되는데 그 아이가 바로 콜(헤일리 조엘 오즈멘트 분)이다. 말콤은 콜을 치료하는 데 성공하여 자신의 실패를 보상받고자 한다. 한편 꼬마 아이 콜에게는 남들이 보지 못하는 이면의 무언가를 볼 수 있는 능력이 있다. 바로 귀신을 보는 능력이다. 하지만 콜은 항상 끔찍한 모습으로 등장하는 귀신 때문에 고통받는다.

흔히 사람들은 처음 타인을 만났을 때 겉으로 드러나는 껍데기를 통해 그를 이해하려 한다. 외모, 직업, 성품 따위를 통해 저 사람은 이러할 것이라고, 아니 이러해야만 한다고 생각한다. 이러한 인간의 외적 인격을 페르소나(Persona)라고 말한다. 페르소나는 가면을 뜻하는 라틴어로 사회적 역할을 의미하며, 인간은 그 역할에 맞는 페르소나를 쓴 채 살아가야만 한다. 인간은 사회 안에서 자신이 자리매김한 위치 즉 타인이 나를 불러주는 위치에 걸맞게 행동해야 한다. 예컨대 선생님이 되고자 하는 자는 타인이 나를 선생님이라고 불러주도록 그에 걸맞은 행동과 지위를 갖춰야 한다. 하지만 인간은 한 가지 외적 인격만을 가진 채 살아가지는 않는다. 회사 직원이자, 부모이자, 가끔은 예비군이 되기도 하며 각각의 위치에서 조금씩 다른 인격을 드러낸다. 결국 인간은 페르소나를 벗었다 썼다 하는 것을 반복하면서 살아가는 것이다.

하지만 인간은 외적 인격만으로 살아가지는 않는다. 도리어 어느 누구도 알지 못하는 내적 인격이 진실한 나의 모습에 더 가깝다. 카를 융은 인간 의식과 가까운 곳에 그림자가 존재한다고 말했다. 그림자는 자아의 어두운 면이자 부정적인 부분으로 개인적 무의식의 내용을 이룬다. 모든 인간은 성장 과정에서 다양한 경험을 하게 된다. 하지만 모든 경험이 좋은 기억만으로 이루어진다는 것은 사실상 불가능할 것이다. 왕따를 당할 수도 있고, 아버지가 어머니를 폭행하는 장면을 목격할 수도 있으며, 심지어 아주 공포스러운 경험을 할 수도 있을 것이다. 인간은 이러한 경험 하나하나를 통해 자신의 내면에 어떤 그림자를 담게 되며 이는 다양한 트라우마로 나타난다.

개인적 그림자를 확인할 수 있는 제일 쉬운 방법은 바로 투사이다. 예컨대 어떤 사람을 보고 막연히 분노를 느껴 "재는 배려심이 없어, 이기적이야"라는 식으로 비난을 한다면 이는 자신의 그림자가 타인에게 투사된 것일 가능성이 상당히 높다. 이렇듯 그림자는 자아가 숨기고 싶어 하는 부정적인 것이자 어둡고 기괴하여 애써 외면하고 싶은 지독한 현실이다. 따라서 나라는 인간의 진정한 본질은 페르소나가 아닌 그림자에서 찾을 수 있으며, 이것을 두고 극 중에서 귀신이나 괴물로 표현하는 것이다.

〈식스 센스〉에 등장하는 수많은 귀신을 비롯하여 말콤과 그의 부인, 콜과 콜의 어머니는 모두 나름의 상처를 가지고 살아가는 존재이다. 먼저 이 작품에 등장하는 수많은 귀신은 서로를 알아보지 못한 채 오직 자기가 보고 싶은 것만 보려고 한다. 아마도 귀신에게 있어 가장 큰 그림자는 부당한 죽음을 경험하던 바로 그 순간일 것이다. 따라서 귀신의 형체는 그의 죽음이 투영된 트라우마 그 자체이다. 억울하게 교수형을 당한 귀신은 교수형 당할 때의 모습으로 자신을 알리려 하며, 이상한 음식을 먹어 죽게 된 귀신은 무언가를 계속 토하는 모습으로 나타난다. 이러한 귀신의 모습은 그림자에 갇혀버린 현상으로 볼 수 있다. 한편 말콤은 총격을 당한 이후 부인과의 관계가 소원해진 상태였다. 말콤은 왜 부인이 자신을 그렇게 멀리하는지 도대체 이해할 수가 없다. 그녀는 매일 밤 결혼식 비디오를 틀어놓은 채 웃기도 하고 눈물도 짓지만 정작 바로 옆에 있는 자신은 완전히 무시한다.

콜은 부모의 이혼과 아버지의 부재로 많은 상처를 받았다. 그 탓에 아버지가 버리고 간 시계와 안경을 착용하며 아버지를 무의식적으로 그리워한다. 그러나 다른 한편으론 행복한 가정을 그린 텔레비전 속 광고에 분노를 표출하기도 한다. 콜은 어머니에게서 받은 상처도 상당하다. 콜의 어머니는 편모가정의 가장으로 일을 할 수밖에 없다 보니 자연스럽게 콜에게 많은 관심을 쏟기가 힘들다. 결국 그녀는 콜에게 제발 나를 너무 힘들게 하지 말아달라고 말하기에 이른다. 이를 통해 콜의 어머니가 가진 그림자도 확인할 수 있다. 그녀는 이혼으로 인해 자식을 제대로 돌보지 못하여 생긴 미안함의 그림자가 존재하는 것이다. 이렇듯 가정에서 입은 수많은 상처는 콜의 마음속에 커다란 그림자를 드리우게 되며 이 그림자를 '귀신을 본다'는 식으로 표현하게 된다.

귀신을 보는 아이인 콜은 자신의 그림자를 남에게 이야기할 수가 없다. 이는 어느 누구도 관심 가지지 않고 믿어주지도 않는 내밀한 비밀이다. 이에 콜은 홀로 고통받고 있다. 도대체 저것의 정체가 무엇인지 그리고 왜 항상 저렇게 무서운 모습으로 나에게만 다가오는 것인지 이해할 수가 없다. 급기야 콜은 자신의 분노를 학교 선생님에게 퍼붓는다. 선생님은 수업 도중 학생들에게 원래 학교 건물이 무엇이었는지 질문을 한다. 이에 콜은 사람을 죽이던 곳이라고 대답을 하지만 선생님은 이곳은 법을 만든 곳이라며 콜의 대답을 믿어주지 않는다. 도리어 이상한 이야기를 하는 아이라는 시선으로 콜을 바라보자 콜은 분노하여 선생님의 그림자를 건드린다. 어린 시절 말더듬이었던 선생님의 상처를 콜이 공격한 것이다. 당신은 말더듬이지 않았냐고 말이다.

인간이 인간을 이해한다는 것은 어떤 것일까? 우리는 흔히 페르소나를 통해서 타인을 이해하려는 경우가 많다. 그 사람이 가지고 있는 사회적 지위, 겉으로 드러나는 인품, 경제력 따위를 통해서 그를 이해했다고 생각하는 것이다. 하지만 인간은 반드시 그림자를 가지기 마련이고, 이 그림자를 이해하지 못한다면 정말 그 사람을 이해했다고 보기는 힘들 것이다. 설사 이해를 못한다 하더라도 타인의 그림자를 긍정적으로 바라보아 줄 수 있어야 진정한 소통의 가능성이 열리게 된다.

콜은 귀신을 볼 수 있는 자신의 능력 덕분에 타인의 그림자를 볼 수 있다. 하지만 타인은 콜의 그림자를 이해해주려 하지 않는다. 이에 콜은 끊임없이 외친다. "나 좀 살려달라고! 난 정말 귀신 때문에 고통받고 있다고!" 하지만 콜의 그림자는 지속적으로 외면당한다.

그래서 콜도 타인의 그림자를 부정적으로 바라보고 그것을 공격한다. 소통이 전혀 안 되는 것이다. 심지어 콜의 어머니도 콜의 그림자를 이해하려고 하지 않는다. 콜의 어머니는 콜의 할머니가 물려주신 땅벌목걸이를 굉장히 아낀다. 그런데 땅벌목걸이가 자꾸 제자리에 없자 어머니는 콜을 의심하고 콜은 자신이 한 일이 아니라고 항변한다. 사실 땅벌목걸이를 옮긴 것은 할머니 귀신이 한 것이지만 콜은 할머니 귀신이 한 것이라고 말하지 않는다. 말해봐야 믿어주지도 않을 것이라 생각했기 때문이다. 어머니 역시 아무 말도 하지 않은 채 뭔가 비밀을 가지고 있는 듯한 아들이 안타까울 뿐이다.

극 중의 모든 인물은 서로에게 다가가고 싶어 하지만 지속적으로 실패한다. "나의 본질은 이것이다. 나의 실체는 바로 이러하다. 난 이런 괴물 같은 모습을 가지고 있다"고 외치고 싶지만 자신의 본질은 타인에게 내보이기 싫은 상처일 뿐이다. 하지만 나의 상처를 내 스스로 직시하지 못하면서 어떻게 남에게 이해를 바랄 수 있을까? 나의 그림자조차 직시하지 못하면서 어떻게 남의 그림자를 이해할 수 있을까? 콜은 자신의 비밀을 말콤에게 말해주지만 그는 콜을 믿지 않을뿐더러 떠나려한다. 말콤은 자신의 상처만을 생각할 뿐이다. 자신이 치료하는 데 실패했던 아이에 대한 죄책감만이 그의 정신을 지배한다. 그 죄책감을 해결하기 위해 비슷한 아이인 콜을 찾았지만 다시금 치료에 실패할 듯하자 그는 도망치려 한다. 그러자 콜은 말콤에게 말한다. "날 믿지도 못하면서 어떻게 날 돕겠다는 거죠?"

모든 존재자는 하나의 작은 세계를 이루게 된다. 즉 나의 세계와 타인의 세계가 다르다는 것이다.[41] 나와 타인은 분명히 다른 존재이다. 하지만 많은 사람은 타인과 나의 생각이 다르다거나 조금 이상하면 무조건 틀렸다고 규정한다. 가끔 타인이 나에게 자신의 그림자를 이야기하면서 "나 너무 힘들다"고 말할 때가 있다. 이때 많은 사람은 철이 없다는 둥 나약하다는 둥 비난하기 일쑤이다. 하지만 남의 위치에 서보지도 못한 자들이 남의 고통과 그림자에 대해서 함부로 말하는 게 과연 옳은 것일까? 오히려 자신의 그림자를 직시하고 극복해낸 사람은 타인의 그림자를 함부로 비난하지 않는다. 그 위치에 서봤기에 함부로 말할 수가 없는 것이다. 따라서 타인의 그림자를 이해하기 위해선 자신의 그림자와 먼저 화해해야 한다. 즉 타인을 논하기 전에 먼저 내 안에 있는 그림자를 먼저 확인해야 할 필요성이 있는 것이다.

집으로 돌아간 말콤은 과거 자신이 치료에 실패했던 아이 빈센트의 기록을 살피다 놀라운 사실을 발견한다. 빈센트 역시 귀신을 보

---

41   구성주의 이론에 따르면 개나 박쥐 따위와 인간의 인식 체계는 분명히 다르다. 이러한 차이점으로 인해 세상이 다르게 인지되듯이 인간 각자에게도 그러한 차이가 있다는 것이다. 이러한 차이는 개별 인간이 정신적으로 구성한 체계 형식의 차이점이라고 볼 수 있다.

는 아이였던 것이다. 이때 말콤은 콜의 그림자를 진정으로 인정하고 믿게 된다. 타인의 본질, 괴물 같은 본질을 믿고 이해해줄 수 있다면 상대방과의 소통 가능성이 열리게 된다. 말콤은 콜을 만나 네가 귀신을 본다는 사실을 믿는다고 이야기하며 콜을 진정으로 이해하기 시작한다. 그리고 콜에게 귀신들이 원하는 게 무엇인 것 같은지 질문한다. 사실 콜은 이미 해답을 알고 있다. 귀신이 바라는 것은 도움이다. 정확히는 자신에 대한 이해일 것이다.

융은 무의식을 생명의 원천이자 창조적인 가능성을 가진 것으로서, 자율성을 가진 채 조정 능력을 행할 수 있는 것으로 바라본다. 보통 무의식은 무엇인지 알 수 없는 미지의 것이지만 이를 의도적으로 깨달아 의식화할 수 있다. 하지만 융은 이것을 넘어 의식이 의도적으로 무의식을 무시하고 피하려고 할 때, 무의식이 스스로 자율성을 가진 채 자아를 자극하여 무의식을 깨닫게 하는 능력이 있다고 생각한다. 이를 두고 무의식이 가지는 보상작용이라 칭한다. 예를 들어 최선을 다해 노력을 하고 열심히 살아왔음에도 불구하고 삶의 의미를 확인할 수 없는 사람이 있다면 이는 지나치게 성공만을 바라보는 태도로 인해 그 이외의 것에 대한 욕망이 억압된 것으로 볼 수 있다. 이때 무의식은 자율성을 가지고 의식에게 노크한다. 무의식은 인간 의식이 보여주는 일방적인 태도에 브레이크를 걸어 의식이 놓치고 있는 것을 알려줌으로써 삶의 위기를 해결할 수 있는 기회를 주는 것이다. 융은 이러한 무의식의 자율성을 놓고 신의 목소리라는 표현을 쓴다.

신의 목소리는 끊임없이 스스로를 드러낸다. 그리고 인간으로 하여금 자신의 그림자를 직시할 수 있게 유도한다. 나의 상처가 무엇인지, 내 안에 있는 괴물이 도대체 무엇인지에 대한 정확한 직시가 이루어졌을 때 타인의 그림자 또한 직시할 수 있는 가능성이 열리는 것이다. 콜이 가지고 있는 그림자는 부모님이 자신을 버렸다는 생각이다. 하지만 어머니의 잠꼬대를 통해 콜은 알게 된다. 어머니는 자신을 버리지 않았다는 것을 말이다. 콜은 엄마가 여전히 자신을 사랑하고 있으며 걱정한다는 사실을 알게 된 이후 자신의 그림자를 정면으로 직시하게 된다. 이에 콜은 용기를 내어 어떤 소녀 귀신과 소통을 시도하게 되고, 그 귀신의 이야기를 들어준 콜은 그녀의 집에 찾아가 억울함을 풀어주기에 이른다. 이때부터 콜은 완전히 다른 아이가 된다. 끔찍하기만 했던 수많은 귀신은 더 이상 그에게 고통스러운 경험이 아닌 이해하고 이야기를 들어주어야 할 대상이 된 것이다. 귀신의 이야기를 들어줄 수 있다는 것은 타인의 그림자를 직시할 수 있다는 것을 의미한다. 콜은 더 이상 귀신을 두려워할 이유가 없다. 그는 귀신을 이해하였고 이해할 수 있기 때문이다.

콜의 어머니 역시 콜의 할머니와의 관계에 문제가 있었다. 콜과 마찬가지로 자신의 어머니가 자신을 사랑하지 않았다고 생각한 것이다. 할머니는 손자를 찾아와 어머니와 관련된 옛날이야기를 해주곤 했다. 그러자 콜은 할머니에게서 들은 이야기를 어머니에게 들려준다. 처음에 어머니는 자신의 아들이 또 이상한 소리를 한다고 생각했다. 하지만 콜이 전해주는 이야기는 놀라움 그 자체이다. 콜이 절대 알 수 없는 이야기를 자신에게 했기 때문이다. 어머니는 할머니의 무덤을 찾아갈 때마다 항상 "나는 당신에게 정녕 자랑스러운 딸이었나요?"라고 물었다. 콜은 할머니의 대답을 대신 들려준다. 그 대답은 "언제나"이다. 귀신과 화해한 콜은 진심을 다해 어머니의 그림자를 이해하려 시도하게 되고 모든 진심을 다해 그녀의 그림자를 어루만진다. 결국 어머니 역시 할머니와 화해하게 된다.

콜의 변화는 말콤에게도 영향을 준다. 충격 사건 이후 부인과 관계가 소원해진 말콤에게 콜은 이야기해준다. 부인이 잘 때 말을 걸어보면 부인이 반응을 보일 것이라고 말이다. 이때 말콤 박사도 자신의 그림자를 직시하게 된다. 내가 믿고 있는 나의 모습, 내가 보고 싶은 나의 모습이 아닌 진짜 나의 모습을 말이다. 말콤 박사는 사실 이미 죽어버린 귀신이었다. 다만 그는 자신이 귀신인 줄 모른 채 보고 싶은 것만 보고 살아왔던 것이다. 진짜 자신의 모습을 확인한 말콤은 자신의 부인을 진정으로 이해하기 시작한다. 부인은 자신을 이유 없이 미워한 것이 아니라 도리어 남편을 잃은 슬픔에 빠져 크나 큰 상처를 안고 살아가고 있었던 것이다. 말콤은 부인의 그림자를 이해하려 하지 않았기에 도리어 자신을 미워한다고 착각하고 있었다. 고통에서 해방된 말콤은 마지막으로 부인에게 작별을 고하며 떠난다. 이를 통해 그의 부인도 그림자에서 벗어날 수 있을 것이다. 이 작품은 모든 인물이 서로를 이해할 수 있다는 가능성을 확인한 채 끝맺게 된다. 그리고 이 모든 가능성은 콜을 믿어준 말콤의 신뢰에서 비롯된 것이다.

오늘날 많은 가정은 소통 불가능이라는 늪에 빠져 고통받고 있다. 아이들은 자신의 방문을 걸어 잠그고 자신의 마음을 열지 않으며, 부부 사이에도 서로의 몰이해로 인해 쇼윈도 부부로 전락하고 있다. 이러한 문제의 원인은 사실 모두에게서 찾을 수 있다. 서로가 서로에게 상처를 주고받는 과정에서 생겨난 그림자가 사람 사이에 거대한 벽을 쌓아버린 것이다. 그림자는 벽을 만들고 그 벽은 그림자를 더욱 깊고 어둡게 만들어간다. 하지만 소통은 의외로 쉽게 시작되기도 한다. 타인의 그림자를 비난하기보다는 나의 그림자를 직시하여 내 앞의 벽을 무너뜨릴 때 소통은 가능해진다. 이렇듯 그림자는 불안하고 부정하기만 한 나쁜 것은 아니다. 도리어 자신의 고통과 상처마저 직시할 수 있다면 그림자는 자신에게 있어 새로운 가능성을 열어주는 창조의 호수로 작용한다. 융에게 무의식이란 더럽고 추악한 것이 아니었다. 새로운 나를 발견할 수 있는 가능성이자 새로운 나를 창조할 수 있는 가능성 그리고 이를 통해 나를 넘어 타인과 진정으로 소통할 수 있는 가능성, 이 모든 가능성이 열려 있는 곳이 융이 생각한 무의식이다.

인셉션
꿈과 환상으로의 도피

"우리가 꿈을 꾸는 동안 그것은 진짜 같지만

꿈에서 깨어나면

그것이 진짜가 아니었다는 것을 깨닫게 되는 거지."

타인의 꿈속에 들어가 생각을 훔쳐낼 수 있는 먼 미래. 코브(레오나르도 디카프리오 분)는 최고의 꿈 보안 설계자이자 생각을 훔치는 도둑이다. 하지만 그는 아내를 살해한 혐의로 집으로 돌아갈 수 없는 수배자 신세이기도 하다. 코브는 이곳저곳 떠돌아다니면서 기억을 훔치고 살아간다. 그가 원하는 건 집으로 돌아가는 것이다. 수배자 신세인 지금은 만날 수 없지만 언젠가 아이들과 함께 살아가는 것을 꿈꾸는 것이다. 그러던 어느 날 코브는 사이토(와타나베 겐 분)에게서 거절하기 힘든 제안을 받게 된다. '인셉션'을 해달라는 것이다. 인셉션은 기억을 훔치는 것이 아닌 기억을 심는 것을 의미한다. 사이토가 원하는 것은 간단하다. 경쟁사의 사장이 곧 숨질 것으로 예상되는데 회사를 물려받을 예정인 아들 피셔(킬리언 머피 분)가 회사를 분할시키는 생각을 품도록 만들어 달라는 것이다. 사이토는 그 대가로 코브가 집으로 돌아갈 수 있도록 모든 수배를 풀어주겠다는 것을 제안한다. 코브는 이를 받아들이고 인셉션을 위한 최고의 팀을 꾸린다. 집으로 돌아가기 위해서 말이다.

크리스토퍼 놀런 감독의 작품 세계가 보여주는 주된 주제는 인간 주체성에 관한 문제이다. 인간이 사회적 인간으로 존재하기 위해서는 반드시 무언가로 불려야 한다. 예를 들어 이름, 학적, 직장, 주소, 국적 등을 통해서 '무엇'으로 불릴 때 사회 속에 자리매김할 수 있다. 이러한 요소들은 사회적 인간이 되기 위한 형식적 요소라고 볼 수 있다. 그와 동시에 필요한 것이 한 인간이 살아오면서 쌓아 올리게 되는 실체적 요소인 기억이다. 인간이 존재하기 위해서는 타인에게 불리는 다양한 형식적 기호와 개인적 경험에서 비롯한 실체적 기억이 필요하다. 문제는 이러한 기억이라는 것은 얼마든지 조작이 가능하다는 것이다. 만약 〈인셉션〉과 같이 임의로 몰래 기억을 삽입시켜 조작 가능하고 나의 기억이 조작된 것임을 모른다면 난 과연 어떤 존재가 되는 것일까?

인셉션이란 기억을 삽입시키는 것을 의미한다. 마음속 가장 깊숙한 곳에 생각의 단초를 심어 그 단초가 사람을 지배하게 만드는 것이다. 인셉션이 성공하기 위해서 기억을 인셉션 당하는 자는 절대로 그 사실을 알아선 안 된다. 자신도 모르는 사이에 기억의 단초가 완벽하게 심어져야 그 사람을 지배할 수 있기 때문이다. 결국 인셉션 당한 사람은 자신의 의지와는 상관없이 어떤 생각의 지배를 받아 이전과는 다른 인간으로 탈바꿈하게 된다. 하지만 인셉션을 하기 위해서는 먼저 상대방의 꿈에 들어가야 하며, 이를 위해 인위적으로 꿈을 설계해야만 한다.

이 작품에서 꿈의 설계는 무의식의 구조를 가리킨다. 따라서 꿈의 설계는 각 개인이 일생 동안 경험하면서 형성해온 나름의 체계를 최대한 본떠야 한다. 사이토가 원하는 것은 피셔의 마음속 깊은 곳에 어떤 단초를 심어 그의 생각 전체를 바꾸는 것이다. 그것을 위해선 먼저 피셔에 대한 모든 것을 연구하여, 피셔의 투사체들이 눈치채기 힘들 정도로 정교한 꿈의 설계가 이루어져야 한다. 극 중에서 투사체라 불리는 마음속의 등장인물들은 한 인간의 잠재의식을 가리킨다. 잠재의식은 의식적으로 접근할 수 없는 정신의 영역으로, 우리에게 자각되지 않은 채 활동하고 있다고 추정되는 정신세계이다. 쉽게 말해 죄의식, 열등감, 공격성 따위의 다양한 생각과 감정 그 자체로 볼 수 있다. 예컨대 내가 만약 A라는 사람을 무의식적으로 거짓말쟁이로 여기고 있었다면 꿈속에서 A는 거짓말쟁이로 등장하게 된다. 물론 현실의 A가 그렇다는 보장은 없다. 어디까지나 내 머릿속에서의 생각이기 때문이다. 문제는 〈인셉션〉과 같이 타인이 나의 마음속에 들어오게 되면 숨기고 싶은 생각과 감정을 들킬 위험에 처하게 된다는 것이다. 이에 투사체들은 침입자를 죽이려 한다.

피셔에게 주입하고자하는 생각의 단초는 총 3단계로 이루어진다. 첫째, 나는 아버지의 발자취를 뒤따르지 않겠다. 둘째, 나는 무언가를 스스로 이루어보겠다. 셋째, 아버지는 피셔가 자기처럼 되기를 원하지 않았다. 이러한 3단계의 단초는 철저하게 피셔의 삶 속에서 나온 것이다. 피셔는 아버지와의 관계가 상당히 안 좋다. 어렸을 때는 괜찮은 관계였던 것 같은데 피셔가 성장한 이후부터 아버지는 아들을 경멸하고 아들은 아버지를 어려워하는 관계가 형성돼버린 것이다. 이런 피셔에게 아버지를 극복하여 다른 길을 걷고 싶다는 생각을 주입시키기 위해선, 아주 강한 카타르시스를 주는 감정을 마음속 깊은 곳에 심어야 한다. 그것은 바로 아버지와의 화해이다.

오이디푸스 콤플렉스는 처음엔 아버지의 부정에서 아버지와의 화해, 끝으로 아버지와의 동일시로 나아간다. 아버지가 나를 경멸하고 대화가 통하지 않는다는 부정의 단계에서 어떤 감정적인 이해를 통해 아버지와 화해하게 되고, 이를 통해 아버지와의 동일시로 나아가는 것이다. 바로 이 지점에서 피셔에게 행하는 인셉션의 핵심을 확인할 수 있다. 아버지와의 동일시는 단순히 아버지가 이룩한 것을 유지하는 사람이 되는 것을 의미해서는 안 된다. 그렇게 된다면 피셔는 회사를 그대로 유지할 것이기에 사이토가 원하는 목적을 이룰 수가 없다. 도리어 동일시는 아버지처럼 삶을 개척할 수 있는 사람이 되는 방향으로 나아가야 한다. 진정으로 아버지를 계승하는 것은 아버지가 이룩한 것을 유지하는 사람이 아닌, 아버지와 같이 창조적으로 삶을 개척할 수 있는 진취적인 사람이 되는 것이라고 인셉션 하는 것이다. 하지만 이러한 인셉션의 과정이 순탄하지만은 않다. 코브의 투사체인 그의 부인 맬(마리옹 코티야르 분)이 지속적으로 방해하기 때문이다.

코브는 아주 큰 죄책감과 상처를 가지고 있는 인물이다. 코브는 부인인 맬과 함께 꿈을 연구하다 마음의 가장 깊숙한 곳인 림보에 이른다. 그곳에서 그들은 신과 같은 존재가 된다. 무엇 하나 그들이 원하는 것이라면 안 될 것이 없는 완벽한 세상이 펼쳐지는 것이다. 내가 건물을 짓고 싶으면 건물을 지으면 된다. 내가 집을 사고 싶으면 그냥 가지면 되고 내가 변호사가 되고 싶다면 그냥 할 수 있다. 하지만 이것은 꿈이며 환상일 뿐이다. 문제는 이러한 환상이 너무나도 달콤하다는 것이다.

라캉에 의하면 인간은 자신의 끊없는 결핍을 자신이 간절히 갈망하는 환상을 통해 채우려 시도하게 된다.[42] 하지만 환상 속에서의 달콤한 만족은 현실로 돌아오면서 사라진다. 이때 인간이 보여주는 태도는 크게 두 가지이다. 한편으론 환상 속의 완벽한 나에게 빠져들어 헤어나오지 못하거나 다른 한편으론 현실의 나를 직시하여 스스로를 넘어서려는 태도이다. 주변을 살펴보면 의외로 전자의 경우

---

42   자크 라캉, 《세미나11》, 맹정현·이수련 옮김, 새물결, 2008, p.279.

를 상당히 많이 발견할 수 있다. 환상 속의 나에게 지나치게 매료되어 현실의 나를 부정하는 것이다. 이와 관련된 대표적인 현상이 각종 도박, 마약 따위의 중독이다. 도박에 성공했을 때 그려지는 나의 모습은 너무나도 완벽하기에 거기에서 벗어날 수가 없는 것이다. 이러한 달콤한 환상 속의 나는 하나의 상상적 이미지에 불과하다. 호수에 비친 자신의 모습에 매료되어 애정을 품는 나르시스의 모습이야말로 거울 이미지에 매료된 자신의 모습을 보여주는 전형일 것이다.

〈인셉션〉에는 꿈에 중독된 사람들이 등장한다. 강한 안정제를 맞아 꿈속으로 도피하는 것이다. 이 꿈은 그 어떤 마약보다도 더 강력한 만족감을 선사해준다. 림보에 빠져든 코브와 맬 역시 꿈속에서 만족감을 얻으며 살아가지만 이내 코브는 그곳이 현실이 아님을 깨닫는다. 하지만 맬은 환상이 주는 달콤함에 빠져든 채 진실을 외면한다. 꿈과 현실의 경계가 모호할 때 진실을 확인시켜주는 것이 바로 토템이다. 맬의 토템은 작은 팽이였다. 만약 그곳이 꿈이라면 팽이는 멈추지 않고 영원히 돌게 된다. 하지만 맬은 팽이를 돌려 진실을 확인하기보다 도리어 팽이를 금고 안에 숨겨버린다. 토템을 눈앞에서 치워버린다면 더 이상 그곳이 꿈인지 현실인지를 의심할 필요가 없어지기 때문이다.

하지만 코브는 현실로 돌아가길 원한다. 현실로 돌아가 아이들과 함께 삶을 살아가고 싶은 것이다. 코브는 금고 속에 감춰둔 팽이를 돌리고 맬을 설득한다. 결국 맬은 계속해서 돌아가는 팽이를 다시 보게 되고 그곳이 현실이 아님을 받아들인다. 코브는 맬에게 "지금 우리가 있는 세상은 현실이 아니다"라고 인셉션을 한 것이다. 문제는 림보 단계에서 시행한 인셉션이 그녀의 마음 전체를 지배해버렸다는 것이다. '지금 우리가 있는 세상은 현실이 아니다'라는 명제는 바이러스처럼 퍼져 그녀의 마음을 지배한다. 그녀는 현실로 돌아와서도 그곳이 현실이 아니라는 단초에 사로잡히게 된다. 결국 맬은 현실을 받아들이지 못한 채 자살을 해버린다. 그녀가 현재 속해 있는 현실이 꿈이 되어버린 것이다. 코브의 마음속에 담긴 그림자는 바로 이것이다. 부인에 대한 죄책감과 미안함 그리고 아이들에게 돌아가고 싶은 마음까지. 코브는 환상과 현실의 경계를 서성이는 인물이다. 자칫 잘못하면 자신을 잃어버릴 가능성이 있는 아주 위험한 꿈 중독인 것이다.

미국행 비행기 안에서 여섯 명의 팀원은 피셔에게 인셉션을 하기 위해 꿈속으로 들어간다. 그런데 피셔는 이미 마음속에 보안장치를 설치해놓은 상태였다. 결국 1단계 꿈에서 사이토가 총에 맞게 된다. 보통은 꿈속에서 죽게 되면 바로 깨어나지만 이번 경우는 3단계 꿈까지 들어가기 위해 강력한 안정제를 쓴 탓에 킥 외에는 빠져나갈 방도가 없다. 어쩔 수 없이 일행은 원래 계획대로 일을 진행한다. 일단 2단계 꿈과 3단계 꿈으로 진입하여 시간을 연장시켜보지만 결국 사이토는 림보에 빠져든다. 피셔 역시 3단계 꿈에서 맬에게 총을 맞아 림보로 빠져든다. 코브는 이 둘을 림보에서 꺼내 와 작전을 성공해야만 한다. 만약 실패한다면 현실의 코브는 미국에 도착하는 즉시 감옥에 갇히게 될 것이다. 물론 림보에서 탈출에 성공한다는 보장은 없다. 그럼에도 불구하고 그는 가야만 한다. 림보 속으로 들어갈 때 코브는 아리아드네(엘런 페이지 분)에게 말한다. "피셔가 어디에 있는지 알고 있다. 아마 맬이 피셔를 붙잡고 있을 것이다. 그리고 맬은 내가 그곳으로 오길 바라고 있을 것이다."

하지만 맬이 자신을 기다린다는 이 말은 엄밀히 틀린 말이다. 맬은 실존하는 인물이 아닌 코브의 투사체로서 코브의 잠재의식 속에 담긴 그의 간절한 소망 그 자체이다. 사실 코브는 이미 환상에서 살아가고 싶은 욕망에 휩싸인 상태이다. 맬은 그들이 가장 행복했던 시절의 기억 속에서 코브를 기다리고 있다. 맬은 달콤한 이야기를 속삭인다. "너의 현실은 바로 이곳이다. 네가 현실이라고 믿는 바깥세상은 수많은 경찰로부터 쫓기는 현실이다. 차라리 이곳을 선택해라. 이곳에서 나와 함께 평생 늙어가면서 살아가자. 우리의 아이들이 저기에 있지 않느냐. 가서 아이들을 안아줘라." 이러한 달콤한 속삭임은 코브의 욕망 그 자체이다. 코브가 간절히 원하는 욕망을 맬이라는 투사체와 환상을 통해 드러내는 것이다. 따라서 코브와 맬의 대화는 정확히 표현하자면 코브의 자아와 욕망과의 대화에 불과하다. 결국 이는 코브가 스스로 이겨내야 할 문제인 것이다.

코브는 피셔를 구해내는 데 성공하여 아리아드네와 피셔를 킥 시킨다. 하지만 아직 사이토를 찾기 못했기에 코브만이 꿈속에 홀로 남는다. 아리아드네는 자신을 잃어버리지 말라는 말을 남긴 채 현실로 돌아간다. 얼마나 많은 시간을 보냈을까? 현실에서의 짧은 순간은 림보에서의 영원이기에 코브는 영원과 같은 시간을 헤맨다. 결국 완전히 늙어버린 사이토를 찾는 데 성공하여 그를 설득해 현실로 돌아간다. 현실로 돌아온 사이토는 코브의 혐의를 벗겨주기 위해 전화를 한 통 넣게 되고 이에 코브는 무사히 입국장을 통과한다. 집으로 돌아간 코브는 아이들을 만난다. 항상 뒷모습만 볼 수 있었던 아이들의 얼굴을 확인하는 순간이기도 하다. 사실 코브는 자신이 원했다면 림보에 빠진 상태에서 아이들의 얼굴을 볼 수도 있었다. 하지만 아이들의 얼굴을 마주본다는 것은 그 순간을 자신의 현실로 삼겠다는 것을 의미한다. 이에 코브는 꿈속에서 아이들의 얼굴을 보는 걸 끝까지 거부했던 것이다. 물론 그가 꿈속의 행복에 만족을 얻어 환상에 머물기로 결심한다면 그곳에서 아이들과 함께 살아갈 수도 있었을 것이다. 현실의 자신은 정신병자가 되겠지만 말이다.

코브는 집에 돌아가 자신의 토템을 돌린 채 아이들을 만나러 간다. 그는 더 이상 토템을 확인하지 않는다. 아이들을 만나 얼굴을 마주본다는 것은 그 순간을 자신의 현실로 삼았다는 것을 의미하기에 토템은 더 이상 큰 의미가 없다. 하지만 마지막 장면에서 토템은 쓰러질 듯 비틀거리기만 할 뿐 해답을 주지 않는다. 코브는 과연 꿈속의 환상을 선택했을까? 아니면 현실로 돌아온 것일까? 정답을 알 수 없는 〈인셉션〉의 마지막 장면은 우리에게 한 가지 질문을 던져준다. 당신이라면 꿈속으로 도망쳐 달콤한 행복에 만족하겠는가? 아니면 아리아드네의 마지막 외침처럼 자신을 잃어버리지 않은 채 끊임없이 현실에서 치열하게 살아갈 것인가?

뷰티풀 마인드
내 안의 또 다른 나와의 대화

"제 인생의 가장 중요한 발견은 헌신적인 사랑이었습니다.

거기엔 어떤 논리적 이유도 없었습니다.

당신은 내 존재의 이유이고

나의 모든 이유는 당신입니다."

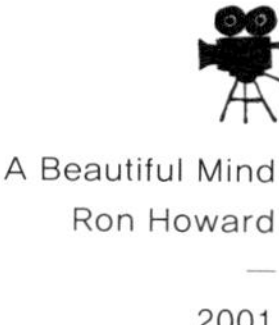

　나에겐 아무도 모르는 한 가지 비밀이 존재한다. 조금은 부끄러워 쉽게 말하기 힘든 그것은 또 다른 나에 대한 이야기이다. 나는 머릿속에서 수도 없이 분화하며 많은 이야기를 펼쳐낸다. 이야기 속에서 나는 간절히 원하던 소망을 이루기도 하고, 나에게 상처를 준 이들에게 복수를 하기도 하며, 어떨 때는 끝없는 나락으로 스스로를 빠뜨려보기도 한다. 이처럼 수없이 분화된 나는 분명히 내 안에 있는 또 다른 존재이다. 그렇다고 내가 두 명 세 명인 것은 아니다. 그것은 수많은 가능성이자 나를 아로새긴, 하지만 나는 잘 모르는 잠재성이다. 이들은 수시로 나에게 말을 건다. 꿈속이든 망상이든 나는 그것을 자주 느끼곤 한다. 하지만 나는 내 안에서 들려오는 저 목소리의 실체를 찾을 수 없다.

<뷰티풀 마인드>는 노벨상을 수상한 천재 수학자 존 내쉬(러셀 크로 분)의 이야기이다. 존 내쉬는 천재적인 두뇌로 많은 이의 기대를 받으며 프린스턴 대학교에 장학생으로 입학한다. 존이 바라는 것은 세상을 뒤엎을 만한 놀라운 이론의 창안과 그것을 통한 세상의 인정이다. 항상 창조적인 생각을 유지해야 한다는 강박관념은 그로 하여금 수업도 거부하고 사람과의 소통도 단절한 채 오로지 연구만 하는 삶을 강요한다. 결국 존 내쉬는 균형이론이라는 획기적인 연구 성과를 발표하여 세상의 인정을 얻는다. 자신이 원했던 교수도 되고 원하던 연구소에도 취직한다. 심지어 국방부에서 소련과 관련된 암호 해독 의뢰를 맡아 성공적으로 임무를 수행하기에 이른다. 그로부터 몇 달 뒤 국가의 비밀 조직이 암호와 관련된 스파이 임무를 맡기겠다면서 접근한다. 이때부터 그는 자신을 스파이로 여기며 비밀 임무를 수행한다.

그런데 알고 보니 그 모든 비밀 임무는 환상에 불과했다. 그는 심각한 정신분열증을 앓고 있었던 것이다. 존 내쉬의 가장 절친했던 친구인 찰스 허스먼(폴 베서니 분)과 찰스의 예쁜 조카인 마르시(비비 엔 카르돈 분)는 물론 그에게 비밀 임무를 맡기던 파처(에드워드 해리스 분)까지 환상에 불과했다. 하지만 그는 환상을 진짜라고 생각했으며 이러한 환상은 점차 심해져 과대망상으로 이어진다. 존 내쉬는 심각한 정신분열증으로 인해 정신과 치료를 받게 되지만 퇴원 이후 약을 끊으면서 과대망상은 재발한다. 과대망상이 재발한 이후에서야 존

내쉬는 병의 실체를 알게 된다. 하지만 그는 약을 복용하게 되면 부작용으로 아무것도 할 수 없다는 걸 알기에 치료를 거부하고 스스로의 힘으로 병과 싸우게 된다.

존 내쉬의 정신분열증은 그의 마음속 깊은 곳에 존재하는 결핍에 대해 말해준다. 존의 첫 번째 결핍은 외로움이다. 너무 뛰어난 천재였기에 외로웠던 그는 자신을 이해해줄 수 있고 대화가 통하는 친구를 욕망한다. 그 욕망에 따라 그에게 나타난 첫 번째 환상은 친구이다. 찰스는 존과는 완벽히 다른 성격의 인물이다. 항상 활기차고 쾌활한 성격의 소유자로 이러한 찰스의 모습은 존 내쉬가 무의식적으로 바라는 또 다른 나의 모습으로 볼 수 있다. 즉 자신이 되고 싶은, 그리고 곁에 있어줬으면 하는 인격을 창출한 것이다. 이 환상은 다른 인간의 모습을 하고 존의 시야에 나타나 그의 가장 절친한 친구가 된다. 결국 존 내쉬의 환상은 그가 원하던 어떤 욕망이 극대화되어 자기 내부에서 자라난 또 다른 나인 것이다.

존의 두 번째 결핍은 세상의 인정이다. 획기적이고 창조적인 수학 이론을 발표하여 아인슈타인 같은 위대한 인물이 되고 싶었던 그의 욕망은 자기 자신을 벼랑 끝으로 몰아간다. 연구가 잘 진행되지 않자 극심한 스트레스에 시달린 것이다. 그러던 어느 날 그는 술집에서 여자를 꼬이려는 친구들과의 대화에서 일련의 힌트를 얻어 균형이론이라는 아주 독창적인 이론을 발표하게 된다. 그는 균형이론을 통해 원하는 연구소에 들어가고 교수 임용도 받는다. 언뜻 보기엔 많은 사람에게서 주목을 받고 중요한 인물이 되는 데 성공한 것 같지만 그는 여기에서 만족하지 않는다. 더 중요하고 더 핵심적인 인물이 되기를 바라는 것이다. 그때 존은 국방부에 불려가 암호 해독을 하는 일을 도와주게 되고 이때부터 그의 욕망은 더욱더 강렬해진다. 존은 "넌 천재이고 넌 정말 중요한 인물이다. 넌 국가의 비밀 요원이다"라는 외침을 자기 안에서 지속적으로 확인한다. 결국 업적을 남기고 대단한 인물로 남길 원했던 자신의 욕망은 다른 인간의 모습(파처)으로 존의 시야에 나타난다.

존 내쉬의 두 가지 환상은 인정 욕망이라는 하나의 지점에서 만난다. 세상의 인정을 바라는 그의 욕망은 외로움에서 기인한다고 볼 수 있으며, 외로움의 본질 역시 타인의 인정을 갈망하는 것이기 때문이다. 인간이 주체가 된다는 것은 타인에 의해 이름이 불리는 것에서 시작한다. 타인에게 누구 집 아들, 누구의 엄마, 대리, 과장 따위로 불린다는 것은 나 자신이 완전한 사회적 인간으로서 위치를 점한다는 것을 의미한다. 이에 사람들은 더 좋은 이름으로 불리기 위해 노력한다. 이왕이면 서울대학생 아무개나 삼성전자의 부장으로 불리고 싶은 것이다. 이러한 현상은 타인에게 인정받고 싶어 하는 욕망의 한 측면을 잘 보여준다.

라캉은 욕구, 요구, 욕망을 엄격하게 구분한다. 욕구는 아주 단순 형태의 식욕, 수면욕, 성욕 따위를 말하며, 요구는 욕구를 타인에게 전달하는 것을 말한다. 그리고 욕망은 요구 너머에 존재하는 '충족될 수 없는 무언가'를 말하며 결핍과 밀접한 관계를 가진다. 예를 들어 어린아이가 계속 울고 있을 때 부모는 아이가 배고프다고 생각하여 밥을 주지만 아이는 울음을 그치지 않는다. 대변을 본 건 아닌지 확인하고 일부러 기저귀도 갈아주지만 그래도 그치지 않는다. 이는 아이가 자신의 요구를 명확하게 전달하지 못했기 때문에 생겨나는 현상이다. 즉 아이가 아무리 부모에게 요구하더라도 그 요구는 완전히 충족될 수 없기에 항상 결핍을 남기는 것이다. 이러한 결핍에서 생겨나는 것이 바로 욕망으로, 이는 영원히 충족될 수 없는 결핍을 채우고자 하는 것을 의미한다.

보통 식욕, 성욕 따위의 자연적 욕구는 타인과는 아무 상관이 없는 것처럼 보인다. 배고프면 밥을 먹으면 되는 것이고 잠이 오면 자면 되는 것이라 생각하는 것이다. 하지만 모든 욕구는 어느 정도 타인과의 관계를 매개할 수밖에 없다. 예컨대 배가 고프다 하여 무한정 먹을 수 있는 것은 아니다. 돈을 주고 사 먹든 가족이 만들어주든 어떠한 형태로든 타인이 관여하게 된다. 성욕의 문제로 넘어가면 타인과의 관계는 더욱 중요해진다. 타인의 허락 없이는 성관계 자체가 불가능하기 때문이다. 이렇듯 자연적 욕구는 어떤 외부적 대상의 정립을 필요로 한다. 단순하게는 자연적 욕구를 충족시킬 수 있는 음식물과 같은 대상의 정립에서 그 대상과 갈등하게 되는 타인에 이르기까지, 반드시 자신의 외부에 있는 어떤 존재를 상정할 수밖에 없다. 인간은 그 외부의 존재를 매개하여 욕망의 만족을 얻으려 하고 그 과정에서 인정 욕망이 발생한다.

오이디푸스 신화는 바로 이러한 인정받고 싶다는 욕망에 대한 것이다. 그리고 그 중심에 있는 핵심적 기호가 바로 팔루스이다. 언어를 배우기 이전의 아이는 자신과 어머니만이 존재하는 상상 같은 관계 속에서 자신만이 어머니에게 욕망의 대상이 되기를 원한다. 즉 어머니는 무언가를 결핍하고 있으며 그 결핍을 자신이 메꾸어줄 수 있다고 생각하는 것이다. 이러한 상상적 관계는 상상적 팔루스에 의해 형성된다. 상상적 팔루스는 어머니가 욕망하는 것이라 상상하여 판단한 것으로, 아기는 팔루스와 자신을 동일시한다. 이것이 상상계가 가지는 기본적인 모습이다. 아이는 스스로를 팔루스라 여겨 자신이 어머니의 결핍을 완전히 채워줄 수 있다고 생각하며, 자신이 어머니의 결핍을 채워줄 수 있기에 어머니도 나를 사랑한다고 생각하게 된다. 즉 완전한 상상적 꿈의 세계로 빠져든 것이다.

존 내쉬는 어렸을 때부터 굉장히 오만한 사람이었다. 자신의 천재성을 믿었기에 오만한 행동이 허용된다고 생각했을지도 모르겠지만, 그 오만함은 자신을 고립된 상태로 몰아갔다. 더욱이 그는 어느 정도 성장한 이후 태평양전쟁을 경험하게 된다. 이러한 다양한 경험은 천재적인 두뇌를 가진 자신이 모든 문제를 해결할 수 있다는 상상으로 나아가게 한다. 이런 상상은 우리의 일상적인 삶 속에서도 흔히 경험할 수 있는 것이다. 환상 속의 완벽한 내 모습을 통해 타인에게 사랑과 존중을 받는 망상 따위가 그것이다. 이러한 환상 속에서 불완전한 나는 정당화된다. 타인(어머니)에게서 인정도 받을 수 있고 나의 괴팍함도 존중받을 수 있기에 나만의 작은 세상을 유지할 수 있게 된다. 결국 존 내쉬는 자신만의 세상이자 완전한 상상의 세계에 갇혀버린 것이다.

오이디푸스 콤플렉스의 두 번째 단계는 이러한 상상적 팔루스를 포기하고 상징적 팔루스로 나아가는 것으로, 그것을 가능케 하는 것이 바로 아버지의 법이다. 아버지는 아주 강력한 존재로서 아이에게 어머니와의 상상적 관계를 그만두라고 명령하게 되며 이때 아이는 어머니가 욕망하는 팔루스가 자신이 아니라 아버지임을 깨닫게 된다. 아버지가 보여주는 강력함과 거세에 대한 공포는 아이로 하여금 상상적 팔루스와의 동일시를 포기하도록 이끌어나간다. 아이는 지속적으로 어머니를 욕망하여 어머니의 인정을 받고 싶지만 그것은 거세 공포 앞에서 포기할 수밖에 없다.

아버지의 영향 아래에서 아이가 팔루스를 대하는 태도는 바뀌게 된다. 자신과 어머니만 존재하는 상상의 세계에서 아이는 스스로 팔루스가 되고자 하지만 현실 사회에서 팔루스는 자신이 가지고자 하는 것으로 변화한다. 이러한 변화는 아버지가 속해 있는 곳에 상징적 팔루스가 있다는 것을 깨달았기 때문이다. 이때 아버지가 속해 있는 현실 사회를 상징계라 부른다. 아이는 언제까지고 어머니와 둘만의 세상에서 살아갈 수는 없다. 유치원에도 가야 하고 학교에도 가야 하기에 아버지는 거세 공포를 통해 아이를 사회로 나아가게끔 이끌어나간다. 이에 아이는 팔루스를 찾아 사회적 인간이 되기로 결심한다. 사회로 진입한 아이가 어머니의 인정을 얻기 위해서는 어머니가 욕망하는 것을 가져야 한다. 따라서 아이는 사회가 만들어낸 욕망인 '타인의 욕망'을 욕망하도록 강요받는다.[43] 타인이 욕망하는 것을 소유하여 나의 결핍을 메우고자 하는 것이다.

타인의 욕망을 통해 결핍을 메우고자 하는 대표적인 예가 바로 명품이다. 우리 사회에 흐르는 명품을 향한 욕망은 상상을 초월할 정도이다. 많은 사람이 명품을 선호하는 이유는 타인에게 선망의 대상이 되는 것을 바라기 때문이다. 다시 말해 명품을 가진다는 것은 타인이 나를 인정해준다는 것으로 그 인정을 욕망하는 것이다. 이러한 명품은 학벌, 아파트, 명품 백, 명예 등 다양한 형태로 그 실체를 드러낸다. 즉 세상은 사람들에게 저런 것을 욕망하여 가지게 될 때 타인이 너를 인정할 것이라고 말한다는 것이다.

존 내쉬는 최고의 업적을 통해 타인의 인정을 받는다면 자신의 공허함과 텅 빈 마음을 채울 수 있을 거라 생각했다. 하지만 그는 더 큰 결핍만을 느끼게 되고 이유를 알 수 없는 목마름을 채우기 위해 더 큰 인정을 욕망하게 된다. 이렇듯 결핍은 결코 채워질 수 없기에 이것에서 저것으로 끊임없이 순환하는 양상을 보여준다. 뛰어난 논

---

43   자크 라캉, 《세미나11》, 맹정현·이수련 옮김, 새물결, 2008, p.177.

문을 쓰면 결핍이 채워질 줄 알았지만 채워지지 않아 스파이를 욕망하듯이 말이다. 인간의 환상은 충족될 수 없는 결핍에서 비롯되는 것이다. 라캉은 환상이란 인간이 삶을 살아가기 위한 하나의 수단이라고 말했다. 결국 존 내쉬는 자신의 결핍을 은폐하기 위해 자신의 욕망이 투영되어 있는 환상의 보호 속에서 살아가게 된다.

어쩌면 존 내쉬의 외로움은 스스로 만들어낸 환상에 불과할지도 모른다. 언뜻 보면 왕따 같은 삶을 살아온 것처럼 보이지만 사실 그는 친구들과 관계도 돈독했으며 도움도 은근히 많이 받는다. 하지만 그는 이것만으로는 만족할 수가 없었다. 아니 인정하고 싶지 않았을지도 모른다. 그는 자신의 모든 문제점을 오직 자신의 천재성을 통해서 극복할 수 있을 거라는 착각에 빠져 천재성을 인정받기 위한 투쟁을 벌이게 된다. 이 투쟁에서 외로움이라는 환상이 발생한 것이다. 하지만 도대체 얼마나 더 큰 인정을 얻어야 만족을 얻을 수 있을까?

존 내쉬는 정신분열증으로 정신병원에 입원하게 된다. 그곳에서 그는 자신이 꿈꿨던 환상의 실체를 직면한다. 자신이 기밀문서라고 보냈던 것은 그 자리에 그대로 있었고 파처라는 사람은 실체가 없는 인물이었다. 하지만 그는 그런 사실을 인정할 수 없어서 자신의 팔에 삽입된 비밀 인식 코드를 찾기 위해 자해까지 하게 되고 결국 약물 치료를 받게 된다. 1년 뒤 그는 퇴원하게 되지만 지속적으로 먹는 약물 때문에 연구를 제대로 해내지 못하며 일상적인 생활에서도 문제를 보인다. 급기야 아내와의 섹스도 불가능한 지경에 이르자 그는 약을 몰래 버리게 되고 이때 그는 다시 환상 속으로 빠져든다. 다시 빠져든 환상은 너무나도 달콤하기에 그의 증상은 더욱 심각해진다. 결국 존 내쉬가 무서워진 아내 알리시아(제니퍼 코널리 분)는 그를 떠나려 한다. 하지만 그때 존 내쉬는 자신이 환상의 세상에서 홀로 살아가고 있다는 사실을 깨닫게 된다. 10년 넘는 세월을 함께 해온 마르시가 성장하지 않는다는 사실을 통해 논리적으로 자신의 환상을 이해한 것이다. 그는 이 사실을 깨닫게 된 이후에도 병원 치료를 거부한다. 치료를 거부한 이유는 간단하다. 약물이 그의 정신을 흐리게 하기 때문이다. 흐려진 정신으론 그는 연구도 할 수 없고 자신의 아들도 돌볼 수 없는 쓸모없는 인간일 뿐이다. 그렇기에 그는 치료를 거부하고 자신의 의지로 병을 이겨내려고 하며 이를 부인이 도와준다.

사실 존 내쉬에게 타인의 인정 외에 정말로 자신이 원한다고 할 만한 것이 있을까? 물론 타인의 욕망을 욕망하면서 살아가는 게 큰 문제만 일으키지 않는다면 나쁠 건 없다. 하지만 인간은 끊임없이 어떤 목소리를 듣는다. 내가 진정으로 원하는 것, 그것이 무엇인지 알 수 없지만 그것이 분출되기 시작하면 삶은 끝없이 흔들리게 된다. 인간은 끊임없이 결핍을 채우기 위해 노력하고 인정을 받기 위해 애쓰지만 그것은 결코 채워지지 않는다. 그것이 무엇인지 알지 못하기 때문이다. 결코 채워질 수 없는 결핍이 말해주는 것은 '사회(상징계)에는 원하는 것이 존재하지 않는다'는 것이다. 사회가 좋다고 여기는 서울대, 삼성, 강남 아파트 따위를 끊임없이 얻는다 한들 결핍은 결코 채워지지 않는다.

이를 통해 알 수 있는 것은 상징계는 불완전하며 도리어 언어로써 설명할 수 없는 바깥이 존재한다는 것이다. 어디선가 목소리는 들려오지만 알 수 없는 그것은 바로 세상(상징계)의 바깥에서 들려오는 것이다. 그것은 언어로는 설명할 수 없는 것으로, 라캉은 이를 '실재'라고 불렀다. 예컨대 우리는 언어를 배우는 순간 고양이라는 대상과 직접적으로 대면할 수 없게 된다. 언어를 익히면서 대상과 나 사이에 언어라는 개념이 끼어들게 되는 것이다. 하지만 언어로 표현이 안 된다고 해서 개념 이전에 존재하는 고양이의 실재가 존재하지 않는 것은 아니다. 따라서 실재는 세상(상징계)의 이전에 존재하는 것이며, 언어로써 설명할 수 없는 것이다. 실재는 언제나 그대로 있다. 다만 인간이 언어에 의해 설명할 수 없는 것일 뿐이다.

라캉은 사회가 요구하는 법과 규범, 문화 질서에 종속된 채 욕망을 길들이며 살아가기보다는 도리어 실재를 직면하여 주이상스(기쁨)를 얻는 삶이 더 바람직하다고 말한다. 존 내쉬는 약을 거부한 이후 끊임없이 자신과 투쟁하며 자신의 결핍을 직시한다. 내 환상의 원인이 무엇인지 직시할 수 있을 때 인간은 자신의 진정한 그림자를 확인할 수 있다. 그는 자신의 그림자를 부끄러워하지 않고 투쟁하여 결국 노벨상을 받는다. 만년의 존 내쉬가 홀로 학교 도서관에서 연구를 하며 보내는 시간은 환상이 아닌 진정 자신이 원하던 시간으로 볼 수 있을 것이다. 이때 그는 주이상스를 얻는다. 비록 세상은 그를 이상하게 바라볼지언정 그는 어디에서도 얻을 수 없는 기쁨을 누리게 된 것이다.

흔히 실재는 뭔가 어둡고 기괴하며 이해할 수 없는 것으로 그리는 경우가 많다. 언어로 표현할 수 없기에 부정적으로 이해하는 것이다. 하지만 알 수 없다고 하여 그것을 꼭 부정적인 뉘앙스로 받아들일 이유는 없다. 우리는 불가능한 일이 발생하는 것을 흔히 경험하곤 한다. 그럴 때 우리는 설명할 수 없는 일이 일어났다고 표현한다. 이해할 수 없고 설명할 수도 없는 어마어마한 에너지가 현실에서 나타나는 순간이 바로 주이상스가 긍정적인 역할을 하는 순간이다. 만약 인간의 삶이 이성과 합리성의 지배만을 받는 사회 속에서만 이루어진다면 답답하기 이를 데가 없을 것이다. 그때 차라리 어디선가 들려오는 목소리에 집중하고 그것과 만나기 위해 노력한다면 도리어 더 큰 기쁨을 느낄 수 있다. 일상적이고 반복되는 삶 속에서 우리는 흔히 일탈을 꿈꾸곤 한다. 저곳에 가면 나의 결핍을 채워줄 수 있고 뭔가가 있을 거라는 생각은 우리에게 작은 여유를 던져준다.

다크 나이트
영웅의 두 얼굴

"영웅으로 살다가 죽거나,

아니면

오래 살아서 악당이 되거나…"

〈다크 나이트〉의 첫 장면은 굉장히 인상적이다. 배트맨의 아류라고 해야 할까? 배트맨을 따라 하려는 자들이 배트맨을 향해 던지는 말이다. "당신과 나의 차이가 무엇이냐?" 이 질문이야말로 〈다크 나이트〉의 핵심적인 주제 의식이 아닐까 생각된다. 배트맨이 되고 싶은 자들은 배트맨의 이미지를 자신에게로 가져오고자 한다. 배트맨은 무엇인지 알 수 없는 비밀스러운 존재이기에 엄청난 권력과 쾌락을 가지고 있을 것 같은 환상을 갖기 때문이다. 그런데 브루스 웨인(크리스찬 베일 분)의 입장에서도 배트맨은 하나의 환상에 불과하다. 이것은 자신의 트라우마에서 기인하기 때문이다.

일단은 〈배트맨 비긴즈〉로 시선을 돌려봐야 할 것 같다. 브루스 웨인은 크게 두 가지 핵심적인 기억을 갖는다.

첫 번째는 어린 시절 우물에 추락한 기억이다. 브루스 웨인은 소꿉친구인 레이첼과 놀다가 그만 실수로 우물에 추락하게 되는데 그때 그는 우물 속에 홀로 남겨져 극한의 공포에 빠져들게 된다. 이때 우물 속에 박쥐가 나타나게 되고 그때 자신이 느낀 공포를 박쥐에게 전가한다. 우물은 폐쇄적이면서 깊이 있는 공간이다. 얼핏 보면 그 속에 무엇이 있는지 알 수 없기에 다양한 상상력의 매개물이 되며 그것은 대부분 공포와 관련을 맺곤 한다. 깊고 폐쇄적인 우물에서 느낀 공포는 브루스 웨인의 내면적 두려움이 가지고 있는 폐쇄성과 깊이를 잘 보여준다.

두 번째 기억은 부모님의 죽음이다. 브루스 웨인은 부모님과 함께 오페라를 보다가 극 중 박쥐가 등장하자 두려워하며 일찍 나오게 되는데 하필 그때 부랑자를 만나 부모님이 죽게 된다. 어린 시절 다가온 부모님의 죽음과 그 죽음의 원인이 자신 때문이라는 죄책감은 우물의 기억과 쌍벽을 이룬다. 그리고 이 두 가지 기억은 공포라는 하나의 지점에서 만난다. 이 두 가지 기억은 브루스 웨인의 삶의 방향을 바꾸게 된다. 그는 부모님의 죽음 이후 고담시를 떠나지만 부모님을 죽인 자의 가석방 문제 때문에 돌아온다. 결국 가석방은 이루어지게 되고 이에 브루스 웨인은 복수를 위해 그를 죽이려 하였지만 도리어 고담시 범죄의 상징인 팔코니의 부하가 그를 살해해 버린다. 복수를 하려고 했는데 다른 범죄자로 인해 복수의 대상이 사라지게 된 것이다.

　브루스 웨인이 어린 시절에 경험한 범죄는 고담시에 발생한 균열로, 도시가 가지고 있는 숨겨진 진실 중 일부이다. 흔히 겉으로 드러나는 도시의 모습은 법과 정의의 지배를 받는 이상적인 모습이다. 하지만 이상적인 도시의 이면에는 언제나 수많은 범죄자와 부패한 경찰들이 도사리고 있다. 보통은 범죄가 겉으로 잘 드러나지 않지만 도시에 심각한 균열이 발생하면 범죄와 부패라는 숨겨진 진실이 균열을 통해 자신의 모습을 드러낸다. 즉 고담시의 이면에 더 이상 법으로 막을 수 없는 범죄라는 진실이 꿈틀대고 있는 것이다. 이는 우리 주변에서도 흔히 찾아볼 수 있다. 예를 들어 드라마 속의 서울이나 광고 영상 속의 서울은 너무나도 아름답고 생동감 넘치는 이상적인 도시의 모습이다. 하지만 서울의 숨겨진 이면에는 충격적인 범죄, 노숙자, 부패한 공권력 따위가 분명히 존재한다. 다만 그것을 없는 것처럼 애써 포장하였을 뿐이다. 도시 이면에 숨겨져 있는 부정적인 것은 가끔 자신의 존재를 적극적으로 드러내기도 한다. 매스컴에서 충격적이라는 단어를 통해 나타나는 그것은 도시의 균열을 잘 보여준다.

　브루스 웨인의 아버지는 봉사와 기부를 통해 고담시의 균열을 메꾸고 도시의 이면에 존재하는 추악한 모습을 줄이려고 애썼다. 하지만 그의 죽음과 함께 도시의 균열은 메꿔지지 않은 채 점점 벌어지게 된다. 즉 고담시의 균열은 너무나도 커져버린 것이다. 그리하여 고담시에 숨겨져 있던 추악한 모습이 일상처럼 되어버린, 어떻게 수습하기 힘든 상황에 이른 것이다. 결국 브루스 웨인이 어린 시절 경험한 것은 어느 무엇도 아닌 예쁜 포장지 안에 숨겨둔 썩어버린 진실인 것이다.

브루스 웨인은 복수를 실패한 이후, 부모님에 대한 죄책감을 벗어던지지 못하고 전 세계를 방황한다. 그러다 우연히 티베트에서 라즈 알굴을 만나 악에 맞설 수 있는 힘을 얻기 위해 강도 높은 훈련을 받는다. 라즈 알굴이 속한 이 집단은 선과 악을 완벽하게 나누어 철저한 선의 수호의지를 표방한다. 만약 어떤 도시에 소돔과 고모라가 반복되어 선이 무너졌다고 판단하면 그들은 도시 전체를 파괴해버리는 극단적 과격성을 보여준다. 이곳에서 훈련을 받은 것까진 좋았는데 그들은 브루스 웨인에게 정의의 이름으로 어이없는 살인을 하라며 요구하게 되고 브루스는 이를 거부한 채 고담시로 돌아오게 된다.

라즈 알굴이 제시하는 훈련 중 마지막 단계가 꽤 흥미롭다. 브루스 웨인에게 환각증상을 일으키는 마약류를 뿌린 후 박쥐와 맞서게 하는 것이다. 이는 개인이 가지고 있는 근원적 공포를 스스로 이겨내 자신을 극복하기 위한 훈련이다. 사람은 누구나 조금씩 두려움을 가지고 살아간다. 이것은 자신의 의지와는 상관없이 우연히 닥쳐온 사건에 의해 생겨나는 경우가 더 많다. 우연히 강도를 만나 부모님이 죽게 되고, 우연히 학교에서 일진을 만나 지속적으로 괴롭힘 당한다. 폭압적으로 나타난 두려움은 나의 마음속 깊은 곳에서 끊임없이 나를 괴롭힌다. 하지만 언제까지고 이런 두려움에 사로잡혀 살아갈 수는 없는 노릇이다. 어떠한 형태이든 그것은 극복되어야 할 대상이다. 브루스 웨인은 테스트를 통과하는 데에는 성공하지만 완벽하게 공포에서 벗어나는 데에는 실패한다. 여전히 그의 마음속에는 두려움이 도사리고 있으며 이는 '배트맨'이라는 허구적 존재를 통해 확인할 수 있다.

배트맨은 악을 처단하기 위한 수단이자 자신의 두려움을 감추기 위한 가면이다. 즉 자신의 두려움을 이겨내고 악을 처단하기 위해 배트맨이라는 허상의 존재를 만들어낸 것이다. 하지만 그는 스스로 자신의 공포를 이겨낸 것이 아니라 배트맨이라는 허상을 통해 두려움에서 벗어나고자 하는 한계를 보여준다. 이에 그는 여전히 두려움에 사로잡힌 브루스 웨인과 허상의 존재인 배트맨으로 분열되어버린다. 그렇다면 그는 도대체 무엇이 되는 것일까? 배트맨일까? 브루스 웨인일까? 무엇이 되었건 그는 두려움을 감추기 위해 가면을 쓴다. 그는 자신의 트라우마를 마스크로 가리며 웨인 그룹의 사장으로 일상적인 생활을 살아가는 데에는 성공한다. 두려움과 적당히 적대적으로 공존하는 데 성공한 것이다. 그는 더 이상 폐인처럼 전 세계를 떠돌 필요가 없으며, 이것이 바로 브루스 웨인과 조커의 가장 큰 차이점이다. 사실 배트맨과 같은 존재는 우리 주변에서 흔하게 볼 수 있다. 많은 사람들은 자신의 내면적 두려움 또는 억압을 해결하기 위해 다양한 방법을 찾지만 주된 선택은 '또 다른 나'의 창조이다. 얼마나 간단한가? 새로운 나를 만들어냄으로써 과거의 나와 단절을 도모하고 이를 통해 과거의 나를 이루고 있던 다양한 억압적 요소들로부터 해방되는 것이다.

조커(히스 레저 분)는 어떤 존재일까? 우리는 그에 대해서 아무것도 아는 것이 없다. 그도 분명 사람이기 때문에 태어나서 자라나는 일련의 과정을 거쳤을 것이다. 하지만 그는 모든 정보가 사라진 존재이다. 이름도 없고 직업도 없고 주소도 없으며 학적도 존재하지 않는 자이다. 조커는 일종의 사회적 무존재라고 볼 수 있다. 하나의 인간이 사회적 존재로서 살아가기 위해서는 사회에서 부여하는 일련의 확인과 인정이 필요한데, 조커에게는 그것이 존재하지 않는다. 하지만 무엇이 되었건 조커 역시 브루스 웨인이 배트맨이라는 존재를 만들어내는 것과 비슷한 과정을 거쳤을 것이라는 점은 어렵지 않게 알 수 있다. 태어나자마자 인생을 그 따위로 살진 않았을 테니 말이다.

조커는 틈만 나면 농담같이 자신의 트라우마에 대해 말하는데 그것은 전부 아버지의 폭력과 관련된다. 그리고 그 트라우마는 자신의 입을 찢어버리는 행동으로 나타난다. 이를 통해 조커는 가족 안에서 큰 상처를 입었다는 것을 알 수 있다. 아이에게 아버지의 존재는 두려움 그 자체이다. 어머니의 품에서 떨어트려 사회적 인간이 되도록 강제하기 때문이다. 조커의 아버지는 그 과정에서 심각한 폭력을 행사한다. 정말로 조커의 입을 찢은 건지 어떤 건지는 알 수 없지만 중요한 건 조커의 아버지가 아들에게 내세운 권위는 결코 이상적인 모습이 아니라는 것이다. 따라서 조커는 아버지에 대한 복수심에 일상의 삶을 거부한다. 그래서 조커에 대해선 그 어떤 정보도 찾을 수가 없다. 아마 그는 학교에 간 적도 없을 것이다. 애시당초 사회로의 진입을 거부하였기에 말로써는 그를 설명할 방법이 없는, 세상의 바깥에 존재하는 자가 바로 조커인 것이다. 그렇기에 그의 장난 같은 파괴 행위는 아버지로 상징되는 고담시를 향할 수밖에 없으며 그것에는 그 어떤 목적도 없다. 목적이라는 것은 일종의 의미를 말하는 것인데 세상의 바깥에 존재하는 자에게서 의미를 찾기란 사실상 불가능한 것이다.

조커와 배트맨은 너무나도 닮은 존재이지만 상당한 차이점도 있다. 물론 배트맨 역시 가면을 쓰고 있는 한 이름도 직업도 없는 사회적 무존재이다. 이렇게 보면 배트맨이라는 인물은 사실상 조커와 똑같은 인물이라고 볼 수 있다. 둘의 유일한 차이점은 사회 속에서 살아가는 브루스 웨인과 같은 존재가 있느냐 없느냐일 뿐이다. 배트맨과 조커는 둘 다 존재하되 존재하지 않는 자이다. 그렇기에 조커는 자신과 똑같은 인물인 배트맨에게 흥미를 느끼게 된다. 더욱이 배트맨과 조커는 그 알 수 없는 실체로 인해 생겨난 공포라는 공통점을 가진다. 배트맨은 범죄자들에게 아주 두려운 존재이며 조커 역시 고담 시민과 경찰들의 입장에선 말도 못 하게 두려운 존재이다. 그 둘의 정체가 도대체 무엇인지 알 수가 없기에 공포가 발생하는 것이다. 이러한 공포는 막연하다. 분명히 존재하지만 말로 설명할 수는 없다. 추상적인 언어로 끊임없이 공포를 표현하려고 하지만 결코 그 본질을 가리킬 순 없다. 이러한 공포는 돈으로도 살 수 없는 절대적 힘이다.

〈다크 나이트〉가 흥미로운 점은 배트맨이 보여주는 아이러니에서 찾을 수 있다. 배트맨은 분명 일반 시민들이 이해할 수 없는 존재이지만 그렇다고 해서 브루스 웨인의 돈과 기술이 어디에 가는 것도 아니다. 사실 배트맨은 마음만 먹으면 도시를 지배하는 것도 가능한 인물이다. 실제로 〈다크 나이트〉의 마지막에 이르면 배트맨은 시민들의 휴대전화 도청장치인 소나를 이용하여 도시의 모든 것을 바라볼 수 있는 막강한 능력을 보여주기도 한다. 바로 이 지점에서 배트맨의 아이러니가 발생한다.

니체는 양극단에 서 있는 자는 서로 대립하면서 서로의 심연을 바라보며 닮아간다고 말했다. 이러한 측면은 배트맨에게 더 크게 다가온다. 왜냐하면 배트맨은 고담시에 숨겨져 있던 범죄와 부패라는 추악한 진실과 직면한 흔적이자 브루스 웨인이 가지고 있는 두려움의 형상이기 때문이다. 그렇기에 그는 조금이라도 선을 잘못 넘게 되면 최악의 범죄자가 될 가능성이 다분한 존재이다. 조커는 바로 이 지점을 포착하여 배트맨을 끊임없이 자극한다. 한편 조커는 검사 하비 덴트(에런 엑하트 분)도 끊임없이 자극한다. 왜 조커는 배트맨과 하비 모두를 자극하는 것일까? 여기에서 배트맨과 하비의 관계를 살펴보아야 한다.

배트맨은 검사 하비에게 큰 기대를 걸고 있다. 앞서 말했듯 배트맨이라는 존재는 브루스 웨인이 가지고 있는 내면의 두려움으로, 이는 브루스 웨인이 어린 시절의 공포에서 완벽하게 벗어나지 못했음을 보여준다. 그렇다면 브루스 웨인이 진정으로 자기 자신을 되찾을 수 있는 방법은 무엇일까? 그건 바로 배트맨이 더 이상 필요 없게 되었을 때 가능할 것이다. 즉 고담시가 더 이상 배트맨을 필요하지 않게 되는 순간, 그는 배트맨에서 벗어나 브루스 웨인으로만 살아갈 수 있게 되는 것이다. 하비는 브루스 웨인이 배트맨에서 벗어날 수 있는 원동력이다. 법이 제자리에 서고 사회가 안정을 되찾게 되면 고담시의 균열은 봉합되어 끔찍한 범죄라는 진실로부터 벗어날 수 있게 된다. 즉 다크 나이트인 배트맨이라는 모순된 공포 덩어리가 이루는 질서보다 화이트 나이트인 하비가 이루는 질서가 더 바람직하다는 것이다. 배트맨이 이루어낸 질서는 무질서가 만들어낸 질서에 불과하다. 따라서 고담시는 반드시 법을 통해서 질서를 회복해야만 한다.

브루스 웨인은 어린 시절 같이 자란 소꿉친구이자 사랑하는 여인인 레이첼(매기 질런홀 분)을 통해 이러한 꿈을 꾼다. 레이첼은 브루스 웨인이 사랑하는 사람과 평범한 삶을 꿈꿀 수 있게 해주는 하나의 원동력이다. 그녀는 브루스 웨인의 정체를 정확히 알고 있기에 브루스 웨인의 이해할 수 없는 행동을 다 감싸 안아줄 수 있는 단 하나의 사람이다. 조커는 이러한 측면을 적극적으로 활용한다. 극의 중반에 이르면 조커가 체포되는데 그때 조커는 자신이 쳐놓은 덫을 이용해 검사 하비와 레이첼을 각각 납치한다. 그리고 경찰서 감옥 안에서 배트맨에게 누굴 구할 것인지 선택을 강요한다. 즉 조커는 선택할 수 없는 것에 대해 선택을 강요한 것이다. 결국 배트맨의 선택은 레이첼이었으나 조커의 속임수에 넘어가 하비를 구하게 되고 레이첼은 죽음을 맞이한다.

영화의 후반부에 이르면 조커는 더 큰 질문을 던진다. 영화의 전반부에서는 주로 배트맨에게 질문을 던지지만 후반부에는 검사 하비를 비롯하여 사회 전체를 향해 질문한다. 하비는 레이첼의 죽음을 통해 분열되기 시작한다. 하비 역시 레이첼을 사랑하여 청혼까지 하였는데 그만 조커에 의해 잃어버린 것이다. 사실 인간이라면 누구나 내면에 억압된 광기가 존재한다. 다만 일련의 금기에 의해서 그 발현이 차단될 뿐이다. 조커는 하비를 통해 인간이 가지고 있는 무의식적 광기를 드러내고자 노력하고 결국 성공한다. 그것이 바로 이성과 광기의 분리이며, 인간이 가지고 있는 두 가지 얼굴 바로 '투페이스'다. 투페이스가 되어버린 하비는 안과 바깥이 뒤집혀 버린다. 과거의 하비는 매우 합리적이고 정의로운 인물이었지만, 조커에 의해서 분열된 이후 광기의 지배를 받게 된 것이다.

조커는 인간이 가지고 있는 내면적 모순을 고담시 전체로 확대시킨다. 그는 극의 후반부에 나타나는 두 가지 사건을 통해서 고담시에 질문을 던진다. 첫째는 배트맨의 실체를 폭로하려고 하는 웨인기업의 직원을 살해하지 않으면 병원을 폭파하겠다고 한 사건이다. 둘째는 범죄인을 실은 여객선과 일반 시민을 실은 여객선에 동시에 폭탄을 실어놓고 서로에게 기폭장치를 주어 특정 시간에 그것을 누르지 않으면 둘 다 폭파시키겠다는 협박이다. 조커는 끊임없이 고담시가 가지고 있는 모순을 지적한다.

도시는 일련의 질서에 의해서 유지된다. 그런데 그 질서라는 것이 항상 합리적이고 정의로운 것만은 아니다. 도시의 숨겨진 이면에는 수많은 범죄와 광기가 도사리고 있다. 결국 도시 역시 인간과 마찬가지로 이성과 광기라는 두 가지 측면을 동시에 가지는 것이다. 더욱이 고담시는 도시의 균열이 너무 넓어져 봉합조차 할 수 없는 곳으로, 수많은 범죄가 일상과 공존하고 있는 형국이다. 결국 질서가 도시의 존재 근거라면, 그 질서는 이성과 광기 모두를 내포하는 모순된 것이다.

조커가 던지는 마지막 질문은 바로 이것이다. 도시가 숨기고 있는 광기를 통해 아버지로 상징되는 도시 자체를 붕괴시키고자 하는 것이다. 영화의 마지막에 이르면 배트맨은 투페이스의 죄를 전부 뒤집어쓴 채 스스로 진실을 은폐하기에 이른다. 선과 정의의 상징인 화이트 나이트를 남겨 도시의 질서를 새롭게 세우고 자신은 스스로 다크 나이트가 되어 추방당한다. 하지만 이는 거짓에 기반하는 질서이기에 모순된 질서일 수밖에 없다.

결국 〈다크 나이트 라이즈〉에 이르면 그 모순은 극대화되어 나타난다. 다시금 돌아온 라즈 알 굴의 선두에 선 베인(톰 하디 분)은 조커와 비슷한 질문을 던지기 시작한다. 즉 고담시가 가진 모순을 지적하는 것이다. 고담시는 질서를 다시 세우기 위해 죽은 하비를 적극적으로 활용한다. 범죄 방지 덴트법이라는 것을 만들어 무차별적인 범죄와의 전쟁을 선포한 것이다. 하지만 그 과정에서 드러난 것은 무조건적인 증오와 복수뿐이다. 이는 거짓으로 질서를 세웠기에 생겨난 고담시의 모순인 것이다.

〈다크 나이트 라이즈〉에서 브루스 웨인이 보여주는 행위는 그가 가지고 있는 분열을 해결하기 위한 투쟁적 일대기로 보아도 무방하다. 브루스 웨인은 죽음에 대한 직시와 지하 감옥에서의 탈출을 통해 자신의 두려움에서 벗어난다. 이제 브루스 웨인에게 배트맨은 필요 없다. 어린 시절에 생긴 공포에서 비롯한 내면적 분열을 극복하고 이겨내는 데 성공하였기 때문이다. 그는 베인을 막은 이후 고담시를 떠나게 된다. 물론 지금의 질서가 계속 유지된다는 보장은 없다. 도시에 또 다시 균열이 발생하는 순간, 숨겨진 진실은 언제든지 자신의 모습을 드러낼 것이다.

이 작품은 끊임없이 내 안에 있는 또 다른 나를 직시할 것을 요구한다. 그리고 영화는 거대한 질문이 던져졌던 도시 전체가 진실을 직시하면서 마무리된다. 모든 개인과 집단은 어떠한 형태로든 왜곡된 분열상을 가질 수밖에 없다. 내 안의 심연에 존재하는 그것은 언제든지 자신을 드러내어 본래의 나를 지배하려 든다. 문제는 그것에 잡아먹히느냐, 직시하느냐의 차이일 것이다. 내 안의 두려움을 외면하지 않고 똑바로 바라볼 수 있다면 내 삶이 흔들리고 분열되는 것을 막을 수 있다. 결국 진정한 의미의 '다크 나이트'는 내 안에 존재하는 모순을 끌어안고 한층 높은 단계로 나아가려는 지양의 태도일 것이다.

바람이 분다
악의 평범성

"너는 피라미드가 있는 세계와

피라미드가 없는 세계 중에

어디를 선택할 거지?"

미야자키 하야오 감독의 〈바람이 분다〉는 발표와 동시에 엄청난 논란에 휩싸였다. 그 이유는 일본 제국주의의 상징과도 같은 전투기 제로센을 설계한 호리코시 지로를 주인공으로 내세웠기 때문이다. 더욱이 영화 홍보 과정에서 지로의 사랑과 꿈을 강조하여 논란은 더욱더 커졌다. 사실 이 작품은 일본의 정치 구조 그 자체를 언급하진 않으며 제2차세계대전에 대해서도 이야기하지 않는다. '자국에서 전쟁이 터졌구나' 정도의 언급만 있을 뿐이다. 마치 그것은 호리코시 지로만을 위한 풍경 같은 느낌이다. 즉 철저하게 호리코시 지로의 개인적 일대기에 집중한 작품인 것이다. 사실상 전범의 삶을 이야기하면서 제국주의에 대해서 논하지 않기 위해선 권력관계를 바라보는 독특한 시선이 필요하다.

우리는 흔히 이런 생각을 하곤 한다. '나는 한민족이다. 따라서 국가가 위기에 처하면 들불처럼 일어나 모두가 저항할 것이다.' '제국주의의 일본인은 일왕에게 충성을 맹세하여 들불처럼 일어나 타민족을 침략하였을 것이다.' 이러한 관점의 국가관은 헤겔의 법철학을 통해서 확인할 수 있다. 헤겔은 변증법 사고방식을 사회발전 과정에 적용하였다. 강제적인 법이 지배하는 단계에서 도덕이 지배하는 단계를 거쳐 이 두 가지가 종합된 인륜의 단계로 나아간 것이다. 그리고 인륜의 단계는 가족과 시민사회 형태를 거쳐 개별성과 공동체성이 통합된 국가라는 형태로 발전하게 된다. 국가는 최고의 인륜이자 개인, 시민사회와 합을 이룬 최고의 존재이다. 모든 개인이 합을 이루어낸, 그 어떤 반정립도 있을 수 없는, 완벽한 통일성을 가진 존재인 것이다. 따라서 모든 개인은 국가의 의지에 따라 살아야 하고 그렇게 살아갈 수밖에 없다. 더 이상의 모순이 없는 것이 국가이기에 개인적 욕망의 발현 자체가 말이 안 되는 것이 된다. 이것이 바로 헤겔이 생각하는 국가관이다.

하지만 푸코는 권력이 한 점에 집중되어 있다기보다는 사회 전체의 그물망 속에서 분유되어 있는 것으로 바라봤다. 즉 개개인은 권력에 의해 억압받는 자이자 권력을 적극적으로 행사하는 자라는 것이다. 이 작품은 이러한 생각을 전제로 만들었다고 보아야 할 것이다. 이러한 관점의 장점은 개인의 삶 그 자체만을 바라볼 수 있다는 것이다. 피라미드식의 권력관계를 생각한다면 모든 일본인이 철저하게 일왕에게 충성을 맹세하고 전쟁에 몰두했을 거라 생각하겠지만 사실 이는 굉장히 독단적인 생각이다. 인간의 마음이 그토록 순수하게 정치적 목적에 사로잡힐 수도 없거니와 오히려 인간은 지독할 정도로 이기적인 존재로서 특정한 상황 속에서 자신에게 가장 유리한 방향으로 행동하는 모습을 보여준다.

지로는 극 중에서 스스로 말하듯 근대인이다. 아니 정확히는 근대화에 성공한 제국주의 신민으로 보아야 한다. 지로는 일본 제국주의에서 자신의 꿈만을 위해 살아온 인물이다. 그가 꿈을 이루기 위해서는 학교에 가야 하고 졸업도 해야 하며 심지어 전범기업인 미쓰비시에 취직도 해야만 한다. 미쓰비시가 어떤 기업인지 그 기업이 자신들의 이윤을 위해서 어떠한 짓을 했는지 지로가 몰랐을 리 없다. 하지만 그는 그것에 대해 심각하게 생각하지 않고 큰 관심을 보이지도 않는다. 그렇다고 일왕이 지로에게 강제력을 행사한 것은 아니다. 더욱이 지로가 일왕을 위해서 전투기를 만든다는 관념에 빠져드는 것도 아니다. 만약 지로가 일왕에게 충성을 맹세하며 전투기를 만들었다면 그를 체포하기 위해 비밀수사국에서 사람들이 나올 이유가 없다. 어떤 면에서 보면 지로는 자신의 꿈을 향한 이기심에 충실했다고 볼 수 있을 것이다. 그는 아름다운 비행기를 꿈꿨고 최선을 다해 열심히 일했으며 결국 성취했다.

중요한 것은 그물망 속에 분유된 권력관계에서 발생하는 거대한 권력의 흐름이다. 제국주의라는 거대한 흐름 속에서 각각의 부품은 자신의 역할을 충실히 수행한다. 비록 강한 정치성을 드러내지 않았다 한들, 막연하게나마 전쟁이 파멸로 나아갈 것이라 생각했다 한들, 각자는 자신의 역할에 충실했고 그 결과는 대학살로 이어졌다.

한나 아렌트는 예루살렘의 아이히만을 통해 독일의 평범하고 성실한 대중들이 행한 악의 평범성에 대해서 논했다. 아이히만은 유대인을 동부의 집단 수용소로 이송하는 책임을 맡은 친위대의 간부였다. 그는 종전 이후 도망치게 되고 1960년 이스라엘의 비밀요원이 부에노스아이레스에 숨어 있던 그를 납치해 예루살렘의 법정에 세우게 된다. 그런데 아이히만은 자신의 변호 과정에서 상당히 독특한 면모를 드러낸다. 그는 엄청난 범죄 행위에 가담했다는 인식이 전혀 없이 오로지 자신의 의무를 충실히 이행했을 뿐이라고 항변한다. 즉 자신의 행위가 얼마나 거대한 범죄 행위인지에 대해서 아예 인지를 못 하였고, 그 문제에 대해 생각할 여지조차 가지지 못한 인물이었던 것이다. 애시당초 자신이 뭘 하고 있는지, 그 행동이 무엇을 의미하는지에 대해 생각도 하지 못한 자를 놓고 재판이 벌어지게 된다. 아이히만의 태도는 마치 지로와 같다. 자신의 행동이 뭘 의미하는지 심각하게 생각하지 못하고 오직 꿈만을 향해 달려갔으니 말이다.

아렌트는 전체주의의 기원에서 독일 전체주의 사회로 인해 인간의 본성이 급격하게 바뀌어버렸다고 말했다. 아이히만은 어느 날 하늘에서 뚝 떨어진 인간이 아니라 나치 국가에서 인간의 고유한 인격과

정체성이 파괴되어버린 인간인 것이다. 아렌트는 인간으로서의 양심과 정체성을 완전히 상실해버린 아이히만을 평범한 형태로 재판하는 것은 의미가 없다고 생각하였다. 물론 그렇다고 하여 아렌트가 아이히만의 무죄를 주장한 것은 아니다. 다만 그녀는 이러한 새로운 인간 유형을 놓고 새로운 사유를 전개해야 한다고 생각했던 것이다.

당시 대다수의 독일인이 유대인 학살을 묵인한 것은 일종의 순응주의로서 볼 수 있다. 히틀러가 독일인에게 약속한 것은 위대한 아리아인의 삶이지만, 그 이면에 흐르는 것은 중산층 독일인에 대한 계급적 토대의 인정이다. 중산층 이상의 계급은 과거부터 자신들이 살아온 삶의 방식을 그대로 영위할 수만 있다면 히틀러가 무슨 짓을 하든 크게 상관이 없었다. 더욱이 대다수의 부르주아 계층이 나치에 대해 특별한 비판을 하지 않자 사람들은 집단에 함몰된 채 묻어가 버린다. 굳이 다른 사람들이 나서지 않는 일에 대해서 내가 나설 이유가 없다는 것이다. 주목해야 할 것은 이렇게 행동하는 대다수의 사람이 너무나도 평범하고 성실한 시민이라는 점이다.

이러한 독일인의 모습은 일제의 일본인과 딱히 다를 것이 없다. 모든 일본인이 일왕에게 충성을 맹세하고 일괄적으로 움직인 것은 아니지만, 그들은 중산층의 삶과 계급성을 유지해줄 것이라는 믿음에서 제국주의에 동조한 자들이다. 아마 대다수의 일본인은 별생각 없이 자신의 일에 충실했을 것이다. 일왕과 국가에 충성을 한다는 식의 이유가 아닌 자신과 자신의 가족을 위해서 성실하게 일했을 것이며, 각자는 자신의 가정에서 좋은 부모이자 자식이었을 것이다. 지로 역시 마찬가지이다. 그는 자신의 꿈을 위해서 최선을 다해 공부하였고 대학에 입학했으며 미쓰비시에 취직하였을 것이다. 물론 그 과정에서 지로는 가족들의 축복을 받았을 것이며 큰 행복과 만족감도 얻었을 것이다. 하지만 그들은 무의식적으로 거대한 권력의 흐름을 타고 전쟁과 파괴 그리고 살육으로 나아간다. 그렇다면 도대체 어떻게 이런 것이 가능한 것일까?

아렌트는 악의 원천으로 성실한 평범성과 상상력의 결여를 지목했다. 칸트는 상상력이란 인간에게 개인적인 경험에서 벗어나 더 큰 보편적 입장에서 사유할 수 있도록 만들어주는 것이라고 했다. 상상력을 가진 인간은 타인의 입장에서 생각할 수 있고 타인에게 감정이입을 할 수 있는 능력을 가지고 있다. 하지만 상상력이 부족한 인간은 타인의 시점에서 생각할 줄 모르고 타인에게 감정이입을 할 줄도 모른다. 타인의 고통에 대해서 공감도 할 줄 모르며 그러한 자기 자신이 어떤 문제를 가지고 있는지에 대해서 생각할 줄도 모른다. 오로지 그들은 주어진 임무를 묵묵히 성실하게 수행하는 것이다. 아이히만에게서는 이러한 상상력을 찾아볼 수 없었다. 그저 진부하고 상투적인 문장만을 나열하며 자신의 일을 하였을 뿐이라고 항변한다. 그의 입에서 나온 말은 스스로 사유하고 고민한 끝에 나온 것이 아니다. 상상력이 결여된 그는 인류 공동체에 대해서 그 어떤 것도 생각할 수 없는 인간인 것이다.

상상력이 결여된 인간은 자신에게 내려온 임무에 대해서 고민하지 않는다. 이 일이 어떤 의미를 가지는 것인지에 대해 생각하지 않고 아주 평범하고 성실하게 그 일을 행한다. 예를 들면 이런 것이다. 만약 누군가가 아이히만에게 사람을 총으로 쏴죽이라고 명령한다면 그는 분명 거부할 것이다. 사람을 총이나 칼로 죽인다는 것은 자신의 눈앞에서 피를 흘리며 죽어가는 사람을 보아야 한다는 것을 의미하는데, 이런 일까지 아무 생각 없이 수행할 정도로 그에게서 동정심이 사라진 것은 아니다. 실제로 아이히만은 유대인 학살을 보고 정말 참기 힘들었다고 말하기도 한다. 하지만 아이히만은 유대인을 죽이기 위해 수송하는 임무는 얼마든지 수행할 수 있는 사람이다. 결국 전체주의는 상상력의 결여를 통한 공통감의 상실을 불러온다.

모든 일에 성실하게 노력하였으며 모든 사람에게 친절하였던 그야말로 신사 중의 신사인 지로는 어쩌면 아이히만 같은 사람일지도 모른다. 그는 당시 일본의 상황, 전쟁의 의미를 너무나도 잘 알고 있었다. 심지어 그는 관동대지진 당시 처음 보는 사람을 구할 정도로 의로운 사람이기도 하다. 다만 그에게 부족했던 것은 자신이 만드는 전투기로 인해 고통받을 타인에 대한 공감이다. 타인의 고통에 공감을 할 수 없으니 그의 눈엔 오직 꿈밖에 보이지 않는다. 마치 아이히만처럼 말이다. 사실 지로와 같은 인간상은 현대에서도 흔히 찾아볼 수 있다. 어느 비리를 저지른 정치인, 강간을 한 사람, 엄청난 분식회계를 저지른 기업인, 자국민을 학살한 대통령 등 이 수많은 악은 평범한 누군가의 아버지였고 친절한 이웃으로 존경받는 사람이었다. 하지만 그들이 평범하다고 하여 용서할 수 있을까? 극 중 미쓰비시 회사 역시 미쓰비시라는 이름만 없다면 그냥 비행기에 대한 열정으로 똘똘 뭉친 평범한 회사에 불과하다. 하지만 그 평범한 악이 뭉쳤을 때 어떠한 현상이 벌어지는지 우리는 너무나도 잘 알고 있다.

지로는 꿈속에서 자신의 우상인 이탈리아의 비행기 설계사 자니 카프로니를 만난다. 카프로니와의 대화를 통해 자신이 꿈꾸는 비행기에 대해서 이야기하지만 그 비행기는 모호하다. 그냥 아름다운 비행기를 꿈꾼다면서 두루뭉술하게 넘어가는 것이다. 그가 꿈꾸는 아름다운 비행기는 무엇일까? 뭔지 알 수 없는 추상적인 가치를 쫓기만 하면 행복해지는 것일까? 지로에게 '아름다움'이라는 단어는 '전투기'와 동일시되는 것일까? 그가 꿈을 위해 내버린 가치는 아름답다는 말로 정당화된 채 꿈속에서 자유를 얻어간다. 하지만 정작 자신의 가장 간절한 꿈은 꿈속에서 끝없이 추락한다. 지로는 아름다운 꿈이라는 추상적인 표현 안에서 자신을 정당화하고 그 길을 끝없이 나아간다. 구체성을 띠지 않는 추상적인 말의 향연은 자신을 정당화하는 첫 번째 요소이다.

지로의 정당성을 충족시키는 두 번째 요소는 그의 연인 나호코이다. 앞서 지속적으로 나왔던 풍경 같은 전쟁 장면은 지로가 전투기 설계 팀장이 된 이후 사라지고, 오직 나호코와의 사랑과 아름다운 녹색의 풍경만이 펼쳐진다. 나호코는 자신이 사랑하는 남자가 일하는 모습이 아름답다고 말하며 지로에게 정당성을 부여한다. 이는 지로가 나호코에게서 도망치며 만들어낸 하나의 정당화이자 애써 외면해버린 양심이다. 나호코가 산에서 내려와 죽음을 무릅쓰고 지로와 신혼 생활을 하는 것을 통해 결코 채워질 수 없는 욕망과 그 끝에서 기다리는 파멸을 확인할 수 있다. 유일하게 자신의 꿈속에서 자유롭던 지로는 꿈속에서 끊임없이 추락하는 자신의 비행기 앞에서 절망한다. 이에 그는 꿈을 위한 자유를 현실 속에 펼쳐낸다. 마치 현실이 꿈인 양 나호코의 품속에서 자유를 얻는 것이다. 결국 아름다운 녹색의 풍경은 비행이라는 궁극의 목적을 위해 만들어낸 현실 속의 꿈과 같은 장면에 불과하다.

하지만 제로 전투기가 하늘 높이 날아오르는 그 순간, 현실에 펼쳐진 꿈인 나호코는 죽게 된다. 가장 사랑하는 남자에게 최고의 정당성을 부여하고 추락해버린 것이다. 다만 그 현실을 감추기 위해 환상과 같은 아름다운 녹색의 풍경으로 모든 것을 지워버린다. 지로는 자신이 원했던 최고의 욕망이 충족되는 순간 또 다른 추락을 통해 결핍을 안게 된다. 그의 욕망은 영원히 채워질 수 없는 공허한 것에 불과하다.

악의 평범성이라는 독특한 현상은 이데올로기가 가지고 있는 결함과 폭력성 때문에 생겨나는 현상이 아니다. 도리어 사유와 상상의 결여로 인해서 비롯하는 현상으로, 아렌트는 이러한 문제를 극복하기 위해 공통감을 전제한 반성적 판단의 회복을 주장했다. 진부하게 널리 퍼진 악을 해결하기 위해서는 상상하고 사유하여 비판적으로 바라볼 수 있는 능력을 키워야 한다고 말했다. 하지만 현대사회는 과거 제국주의 시대와 마찬가지로 여전히 상상력이 결여된 사회이다. 어떤 면에서 보면 이는 한국 사회에서 가장 만연한 현상일지도 모른다. 온갖 비상식적인 일이 벌어지고 그로 인해 수많은 이가 고통받아도 각 개인은 상상력을 상실한 채, 자신의 꿈속에 숨어서 자신의 안녕을 위해 시키는 대로 살아간다. 즉 지로를 통해 우리의 모습을 읽어낼 수 있는 것이다. 어쩌면 상상력이 결여된 인간이 양산되고 있는 현대사회야말로 지독하게 끔찍한 사회일지도 모른다. 수많은, 평범한 악이 언제 어디서 튀어나올지 모르는 불안감에 살아야 하기 때문이다.

20

케빈에 대하여
유동하는 공포와 악의 합리성

"익숙한 거랑

좋아하는 거랑은 달라.

엄만 그냥 나에게 익숙한 거야."

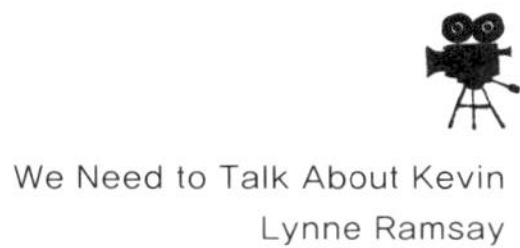

매일같이 뉴스에서 볼 수 있는 이야기가 있다. 특별한 이유 없이 학우들을 괴롭히고 폭행하며 심지어 강간하고 살해한다. 도대체 무엇 때문에 그러는지는 알 수 없지만 사건이 벌어질 때마다 전문가들이 텔레비전과 지면에 나와 한마디씩 거든다. "게임이 문제이다." "무관심한 가정이 문제이다." "성적 지상주의 사회가 문제이다." 하지만 어느 누구도 정답을 아는 것 같지는 않다. 어쩌면 독특하고 잔인한 현상을 덮는 데 급급한 것일지도 모른다. 이해가 안가기에 이해하기 위해서 적합한 설명을 찾으려 발악하듯 애쓰는 것이다.

영화 〈케빈에 대하여〉는 케빈(에즈라 밀러 분)에 대하여 이야기해야 할 필요성에 대해 말한다. 자유롭게 전 세계를 여행하며 살아가던 여행가 에바(틸다 스윈턴 분)의 삶은 임신을 하면서 180도 바뀌어버린다. 원치 않던 아이를 임신하게 된 에바는 모든 것이 혼란스럽다. 왜 자신의 신체가 이렇게 바뀌어야 하는지, 왜 아이 때문에 집 안에 갇혀 원하는 걸 할 수 없는지, 그녀에겐 이 모든 것이 불만이다. 그래서 이 모든 문제의 원인을 자신의 아들인 케빈에게 돌린다. 케빈과 에바는 서로의 관계 형성에 상당한 문제를 드러낸다. 케빈이 엄마를 바라보는 눈빛은 상당히 적대적이다. 에바가 단어를 가르쳐줘도 공격적인 눈빛으로 바라만 보며 따라 하지 않고 공놀이를 같이 하려고 해도 전혀 응하지 않는다.

물론 에바가 처음부터 케빈에게 정답게 대한 것은 아니었다. 케빈이 갓난아기이던 시절, 끝도 없이 우는 소리가 너무 싫어 공사판 한가운데서 시끄러운 소음을 들으며 아이 울음소리를 묻어버리고자 한다. 아이가 어느 정도 성장한 이후엔 너만 없었으면 난 지금 프랑스에 있을 거라고 말하기도 한다. 하지만 이것을 두고 엄마가 아이에게 행한 학대라고 보긴 어렵다. 엄마가 된 상황이 낯설고 두렵고 피하고 싶은 마음에서 행한 우발적 행동 같은 느낌이다. 케빈은 어느 정도 성장한 이후에도 계속 기저귀를 차고 지낸다. 다른 아이들은 이미 대소변을 가릴 줄 알지만 케빈은 그렇게 하지 않는다. 정확히 말하자면 케빈은 이미 스스로 대소변을 가릴 줄 알지만 일부러 가리지 않는 것이다. 고의적으로 기저귀에 똥을 싸 엄마를 괴롭히고 기저귀를 갈아주면 그 자리에서 곧바로 다시 똥을 싸 엄마를 절망으로 이끌어간다. 에바는 견디다 못해 케빈을 데리고 병원에도 가보았지만 검사 결과는 지극히 정상이라고 나온다. 하지만 케빈은 고등학생이 된 이후 학교 급우들을 학살해버리기에 이른다. 그럼 도대체 케빈은 무엇 때문에 이러는 것일까?

이 작품은 케빈에 대한 영화이지만 케빈의 시선에서 이루어지진 않는다. 우리는 철저하게 에바의 기억만을 쫓으며 케빈에 대한 단편만을 알 수 있을 뿐이다. 자신의 아들이 급우들을 학살한 이후 에바는 벼랑 끝에 몰릴 대로 몰려버린 현실의 삶 속에서 기억을 돌이켜본다. 케빈을 임신하게 된 섹스에서부터 성장 과정 하나하나를 되새겨 보는 것이다. 사실 에바는 완벽하게 좋은 엄마는 아니었을지언정 그렇게 나쁜 엄마도 아니었다. 그냥 서툰 엄마에 불과한 것이다. 케빈의 가정에도 큰 문제가 없었다. 가정적인 남편과 아버지, 넓은 집과 화목한 가정, 전형적인 중산층 가정의 모습을 보여준다. 더욱이 케빈과 아버지와의 관계는 과하게 친밀하기까지 하다. 그렇기에 에바는 더욱더 미쳐가는 것일지도 모른다. 에바는 최선을 다해 케빈과 관계를 개선해보려 하지만 도대체가 가능하지 않다. 이 작품은 강렬한 붉은색과 눈부신 조명, 중간중간 지속적으로 반복되는 소음 같은 음악을 통해 에바의 감정 상태를 묘사한다. 작품을 보는 우리는 철저하게 에바의 감정에 녹아든다. 같이 답답함을 느끼고 도대체 왜 케빈이 저러는 것인지 의문을 가져보지만 그 해답은 알 수 없다.

우리는 흔히 악(惡)이 무엇인가에 대해서 질문을 하곤 한다. 하지만 그 대답은 모호할 수밖에 없다. 악은 죄와는 분명 다른 것이다. 죄는 이미 규정된 법적 규정을 어기는 것을 의미하지만 악은 그것을 넘어선 곳에 존재한다. 케빈은 우리가 흔히 이야기하는 사이코패스나 소시오패스 같은 괴물인 것일까? 그건 알 수 없다. 에바의 기억 속에 담긴 케빈의 단편적인 모습을 보고 단순히 괴물로 규정하는 건 너무 단순한 독법이 아닐까. 이미 생물학적으로 그렇게 결정된 인간이기에 그렇게 행동할 수밖에 없다는 사고방식은 모든 문제를 너무 단순하게 몰아간다. 설사 그가 사이코패스라고 해보자. 그럼 앞으로 모든 인간에게 사이코패스 테스트를 하도록 해 정상과 비정상으로 나누어 비정상이라는 결과가 나오면 가두기라도 해야 하는 것일까? 설사 길에서 사이코패스를 만난다 한들 알아볼 수나 있을까? 사이코패스 이론은 문제의 상황을 이성적이며 수학적으로 이해하려는 한계를 보여준다.

혹자는 에바에게 그 책임을 묻기도 한다. 그녀가 보여준 모성의 상실이 케빈 같은 악마를 창조해냈다는 것이다. 모든 잘못을 에바의 모성 탓으로 돌려버리면 문제는 오이디푸스 콤플렉스라는 공식에서 쉽게 해결된다. 하지만 이 또한 너무나도 단순한 독법에 불과하다. 일단 모성이라는 것을 인간의 생물학적 본능으로 여겨 누구나 반드시 가져야 한다고 생각하는 것은 편견이자 폭력에 불과하다. 엘리자베트 바댕테르는 모성애는 본래부터 존재하지 않았으며 그것은 근대에 만들어진 것이라고 주장했다.[44] 수많은 할리우드 가족 영화는 모성애에 대해 그 본성과 당위를 주장하였지만 이것은 여성을 억압하기 위한 하나의 방법론에 불과하다. 실제 에바와 같은 여자들은 주변에서 흔히 볼 수 있다. 에바와 같이 원치 않은 임신으로 아이를 낳는 경우도 많고, 아이가 울면 진저리 치며 고통스러워하는 엄마도 존재한다. 그럼에도 모성애를 보여주지 않았다는 이유만 가지고 에바에게 모든 책임을 지운다는 것은 굉장히 무리가 따르는 일이다. 더욱이 에바는 가해자의 어머니이지만 다른 한편으론 똑같은 피해자이기도 한 인물이다. 케빈은 아버지와 동생마저도 죽여버렸던 것이다.

케빈에 대하여 사이코패스로 단정하거나 에바에게 책임을 묻는 것은 생물학적 결정론에 입각한 것으로서 분명한 한계가 있다. 이를 두고 지크문트 바우만은 우회적인 문제 해결 방법에 불과하다고 말했다. 우회(detour)란 근대적 합리성이 보여준 한계로서, 문제의 본질은 도외시하고 도구적 합리성에 입각하여 최대한 빠른 해결에 집착하는 것을 말한다.[45] 함규진은 다음과 같은 예를 들었다. 근대 이성은 다양한 병의 원인으로 세균과 바이러스를 발견하였고 병의 가장 빠르고 합리적인 치유를 위해 항생제를 개발하였다. 하지만 항생제

44   엘리자베트 바댕테르, 《만들어진 모성애》, 심성은 옮김, 동녁, 2009.
45   지크문트 바우만, 《유동하는 공포》, 함규진 옮김, 산책자, 2009, p.129.

가 남용되어 신체는 약화되고 심지어 변종 바이러스가 탄생하기도 하였다. 변종 바이러스에 대항할 수 있는 방법은 무엇이 있을까? 근 대성은 더 강력한 약을 개발하여 문제를 해결하고자 한다.[46] 오로지 우회로를 통해 빠르게 문제를 해결하려는 것이다. 하지만 이러한 근 대적 문제 해결 방법이 가져온 것은 무엇인가? 칼로 잰 듯한 수학적 해결 방법은 예측할 수 없는 결과만을 불러왔다. 과거의 위험은 통 제가 가능한 것이었지만 현대의 위험은 예측 불가능성과 통제 불가 능성을 전제한다.

케빈이 괴물이 되어버린 것은 관계 그 자체에서 찾아보아야 할 것 이다. 서툰 엄마인 에바는 케빈과의 관계 설정에 지속적으로 실패한 다. 저곳을 바라는 엄마와 이곳에 머무르길 바라는 케빈. 에바는 자 신의 방을 세계 각국의 지도와 애장품으로 가득 채운 후 케빈에게 말한다. 누구에게나 자기 방이 필요하고 여긴 내 방이라고, 너도 필 요하면 네 방을 특별하게 만들어주겠노라고. 하지만 케빈은 에바의 방을 망가뜨려버린다. 나의 방도 필요 없고 너의 방도 필요 없다는 듯이. 이렇듯 둘 사이의 간극은 쉽게 좁아지지 않는다. 심지어 케빈 은 고의적으로 대소변을 가리지 않는다. 실제론 가릴 수 있지만 기 저귀를 찬 채 엄마를 괴롭히며 고의적으로 대변을 봐버린다. 사실 케

<hr>

46   지크문트 바우만, 《유동하는 공포》, 함규진 옮김, 산책자, 2009, p.299 옮긴이의 말.

빈이 이런 행동을 하는 이유는 누가 봐도 뻔한 것이다. 케빈은 둘만
의 온전한 공간과 사랑을 갈망한다. 하지만 서툰 엄마 에바는 이를
계속 무시한다. 그러던 도중 에바는 화를 못 이겨 케빈을 집어던지
고 케빈은 부상을 입게 된다. 이때부터 둘 사이의 관계는 케빈 쪽으
로 확 기울어진다. 에바는 케빈에게 상처를 준 것에 대한 죄책감을
가지게 되고 케빈은 이 죄책감을 적절히 이용한다. 케빈은 이제 더
이상 대소변을 가리지 않을 이유가 없다. 엄마를 손에 쥐는 데 성공
했으니 말이다.

이 작품은 관계의 실패와 거기에서 탄생한 한 괴물에 대한 이야기
이다. 엄마와 아들의 이야기라기보다는 서로 원치 않았던 낯선 타자
들의 만남과 관련된 이야기이다. 하지만 에바가 케빈을 무한에 가깝
게 사랑하지 않았다 하여 비난할 수도 없는 노릇이다. 어차피 자녀
도 하나의 타자에 불과하기 때문이다. 타자를 사랑하든지, 익숙해지
든지 사실 그건 온전히 그의 몫에 불과하다. 그렇다고 케빈을 비난
할 수 있을까? 사랑을 갈구하여 고의적으로 삐딱하게 나가는 건 사
실 누구나 한 번쯤 해봤을 것이다. 다만 케빈처럼 극단적인 상황으
로 나아간 적만 없을 뿐이다. 이렇듯 일방적인 사랑이라는 것은 불
행할 수밖에 없다. 나는 저 사람을 바라보는데 저 사람은 나를 불편
해하고 싫어한다면 어찌해야 할까? 그냥 카카오톡을 차단한 채 잊
어버리고 포기하면 편하겠지만 만약 그 관계가 잊어버릴 수도 포기

할 수도 없는 관계라면 어떻게 해야 할까?

계산할 수 없는 공포, 예측할 수 없는 악, 이들이 종잡을 수 없이 출현하는 세계. 비록 긴 여행 끝에 우리 조상들보다는 현명해졌을지 몰라도, 우리는 더 이상 이 길이 자연재해와 비슷한 재난에서 멀리 떨어져 있다고 믿을 수가 없다.[47]

케빈은 관계 속에서 나타난 예측할 수 없는 악이자 너무 평범하기에 종잡을 수 없이 출현하는 악이다. 우리는 케빈에 대하여 이야기해야 할 필요성을 알고 있지만 그가 왜 그런 행동을 했는지에 대해선 뚜렷한 이유를 제시하기 힘들다. 한발 떨어져 피상적으로 바라봤을 때는 그 관계에 대해서 정확히 알 수 없기 때문이다. 마치 케빈의 아버지가 아무것도 모르는 것처럼 말이다. 사실 케빈이 학교에서 학살을 저지르기 이전까지는 엄마와의 관계에 문제가 있는 평범한 아이에 불과했다. 하지만 악이 밖으로 드러나자 감당하기 힘든 공포와 절망을 안겨주게 된다.

악이 도처에 숨어 있음을 깨닫는 순간, 신뢰는 무너진다. 악인은 평범한 사람에 비해 뚜렷이 구분되는 것도 아니고, 두드러진 특징도

<hr>

47   지크문트 바우만, 《유동하는 공포》, 함규진 옮김, 산책자, 2009, p.109.

없고, 별도의 신분증을 가지고 있지도 않다. 그리고 지금 각자의 일을 하고 있는 모든 사람이, 사실은 악의 군단의 예비군으로서 언제든 그 군대에 현역으로 복무할 수 있는 사람들인 것이다.[48]

바우만은 아렌트와는 달리 악의 합리성을 주장했다. 그는 아이히만이 생각 없는 존재가 아니라 도리어 생각이 있는 존재로서 최고의 합리성을 가지고 극악한 죄를 저지른다고 했다. 오늘날 우리는 더 이상 빅브라더에게서 공포를 느끼지는 않는다. 오히려 언제든지 악마가 되어버릴 수 있는 평범한 사람들에게서 공포를 느낀다. 이를 통해 알 수 있는 것은 바로 신뢰성의 상실이다.

필립 짐바르도의 《루시퍼 이펙트》[49]에는 정말 지극히 평범하고 선량한 사람들이 지독한 악마로 변해가는 과정이 담겨 있다. 차라리 그 악마들이 원래부터 그렇게 태어난 것이라면 나을 텐데 선량한 사람이 악마로 변해갔다는 점에서 상당한 충격을 안겨준다. 짐바르도는 썩은 상자가 썩은 사과를 만든다고 말하며 선한 사람이 악한으로 변해가는 원인으로 외부적 권위와 썩은 제도를 들지만 이것은 다양한 원인 중 하나에 불과하다. 케빈의 경우는 썩은 제도가 아닌, 오

---

48   지크문트 바우만, 《유동하는 공포》, 함규진 옮김, 산책자, 2009, p.116.

49   필립 짐바르도, 《루시퍼 이펙트》, 이충호 · 임지원 옮김, 웅진지식하우스, 2007.

히려 불안한 관계가 불안한 사과를 만든 것으로 보아야 한다. 유동적 근대가 파괴해버린 것은 어느 무엇도 아닌 신뢰성 있는 관계 그 자체이다. 모든 것은 개별화되었고 더 이상 국가와 사회, 가족은 인간의 버팀목이 될 수가 없다. 그래서 인간은 더 확실하게 믿을 수 있는 관계를 갈망하며 네트워크의 형성에 집착하지만 이 또한 유동적 관계에 불과하며 도리어 더 큰 불안만을 가져온다.

에바는 끊임없이 먼곳을 바라본다. 외로운 개인으로서 광장으로 나아가 그 외로움을 해결하려는 것일지도 모른다. 하지만 케빈은 끊임없이 엄마를 바라본다. 외로운 개인으로서 엄마를 통해 그 외로움을 해결하고자 한다. 도대체가 좁힐 수 없는 이 관계는 어린 시절의 케빈의 말을 통해서도 알 수 있다. 동생이 곧 태어날 거라고, 이제 같이 놀 사람이 생길 거라고 말하자 케빈은 필요 없다고 말한다. 에바가 동생을 좋아하게 될지도 모른다고 달래지만 케빈은 동생이 안 좋으면 어떡할 거냐고 되묻는다. 케빈의 말에 익숙해져야지라고 대답하자 케빈은 '익숙해진다고 좋아하는 건 아니라고 엄마도 나한테 익숙해지지 않았냐'고 되묻는다. 결국 둘의 관계는 결코 이해할 수 없고 사랑할 수 없는, 마지못해 익숙해지기만 할 뿐 파국으로 끝맺는다. 영화의 마지막에 에바는 케빈에게 묻는다. 도대체 왜 그랬냐고 말이다. 그러자 케빈은 말한다. '아는 줄 알았는데 지금은 잘 모르겠다'고 말이다.